まんがでわかる中村天風の教え

改變人生、開拓命運的天風哲學

漫畫讀解

顯化好運的成功召喚術

さとうもえ——著
鈴本彩——繪
天風會、平野秀典——監修
林以庭——譯

「一個人的健康和命運，都取決於你的心。」
你的內心朝著積極
或消極的方向行動，
有著天壤之別。
在瑜伽哲學中，
這叫做「思想創造生命」。

※摘自《開拓命運 天風瞑想錄》第一章〈生命的力量〉

中村天風是人生哲學的第一人，多年來持續影響著日本政界和商界的領袖。過去曾影響許多政治家和企業家，如東鄉平八郎（海軍元帥）、松下幸之助和原敬（首相）等，近年以稻盛和夫等商界人士為首，松岡修造等運動員、藝術家也受到了影響。

《改變人生、開拓命運的天風哲學》是一本能夠學習中村天風的哲學精髓的書，用漫畫淺顯易懂地介紹中村天風《開拓命運 天風瞑想錄》（講談社，以下簡稱《開拓命運》）中所記載的艱深教誨。

天風哲學中蘊含著實用的教誨，不僅對商務人士有用，對於每個為人生苦惱的人都有所幫助。打開你的命運之門吧。

我是平河里子，28歲。
履歴表
唉…
資格を取
履歴表
我…可能事業運不太好吧。
因為一些原因，目前正在待業。
今天我也去面試了…
MS電氣銷售助理職位
我們公司完全是不同領域，妳怎麼會想來呢？
貴公司是世界聞名的企業，我希望能參與其中並發揮作用…
唔…
感受不到妳的熱情呢。

餐飲業還是比較適合妳吧？
唉…
真不順利…
我選擇上一份工作，是因為自己喜歡。
妳的店今天營業額也吊車尾!!
抱、抱歉！
酒場
營業額…！
SALE
啤酒喝到飽
半價優惠！
但我卻做不好…
唉…
我…
究竟想做什麼呢…
咻
哇！
啊！
沙沙
沙沙
我的履歷表…

飄～
等一下～
好！
猛衝
抓住了！
——咦。

居酒屋？
氛圍看起來很棒呢……
？
這個店名要怎麼唸？
金絲雀
金……絲……
唸作「加納利亞」哦。
不、不好意思……
沒關係的。
驚
哇！
妳剛下班嗎？
呃

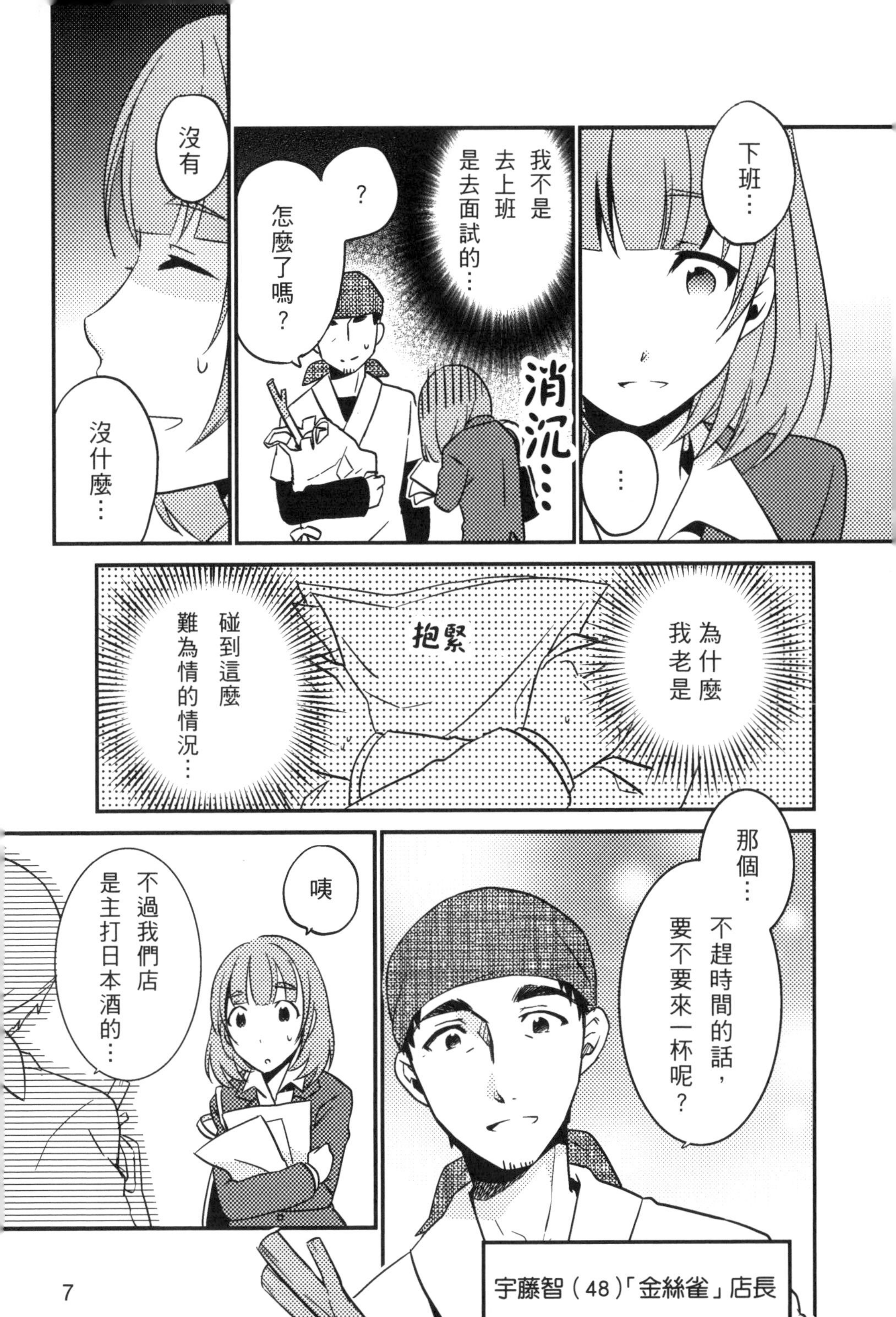
下班…
…
我不是去上班是去面試的…
消沉…
？
怎麼了嗎？
沒有
沒什麼…
為什麼我老是
抱緊
碰到這麼難為情的情況…
那個…
不趕時間的話，要不要來一杯呢？
宇藤智（48）「金絲雀」店長
咦
不過我們店是主打日本酒的…

咦
日本酒！
咕嚕
咕嚕嚕⋯
太⋯太丟人了！
因為去面試前太緊張了午餐都吃不下!!
不、不好意思
哈哈哈
雖然只是一些簡單的料理。也有吃的哦，
不是還在準備中嗎⋯
準備中
我想說差不多要開門了

偶爾休息一下，
也是必要的吧？
這麼說起來，我好一陣子沒喝酒了…
那麼，
我就喝一點吧。
請進 請進
金絲雀
當時的我
並不知道這個相遇
會徹底改變我的命運。

主要登場人物

平河里子（28）

本故事的主角。大學畢業後就職於保險公司，2 年前轉職到大型居酒屋連鎖店。目前失業中。出生於北海道。

宇藤智（48）

居酒屋「金絲雀」的店長。出生於青森縣。

金絲雀

開業於 22 年前，靜靜地佇立在巷弄裡一個不起眼的地方。但實際上作為可以品嚐美味熱日本酒的店家，深受日本酒愛好者的喜愛。

吉岡由美（39）

「金絲雀」的常客。在一家飲料製造商工作，喜歡喝日本酒。出生於茨城縣。

山田拓郎（30）

「金絲雀」的常客，在區公所工作的公務員。喜歡喝酒但酒量不太好。出生於福島縣。

御手洗雄一郎（67）

自「金絲雀」開業以來就經常光顧，是多年的常客。總是一個人安靜地喝酒。很神祕的人物。

澤渡麻由子（44）

里子以前常去的居酒屋「澤渡」的店長。現在居酒屋已經關店了。出生於北海道。

※ 本書中的登場人物及設定純屬虛構，並非真實存在。

目錄

Column

第1章

開拓命運取決於內心的思想

摘自《開拓命運》第六章〈人生與命運〉

金絲雀
明明是第一次來，卻覺得好放鬆。
不曉得會端出什麼料理呢…
這是開胃菜，請慢用。

哇
裡面有好多蔬菜！
這叫做「粥湯」，是青森的一種鄉土料理。
咕嚕…
暖呼呼…
好溫和的味道～
我正在檢查溫度。
輕輕搖晃
輕輕搖晃
我現在加熱的「豐盃」，也是青森的酒。
因為我是青森人
這個動作是在做什麼呢？
就像人類泡溫泉一樣，把酒銚慢慢浸泡在熱水裡，
酒也會像人類一樣變得暖呼呼又溫和的。

請慢用，我把酒加熱好了。
謝謝!!
咕嚕…
哇
口感好飽滿，像牛奶一樣。
我從來沒喝過這麼好喝的熱酒！
謝謝誇獎。所有酒都可以加熱哦。
好！
呼~~
哇…真幸福~

你好——
喀嚓
山田拓郎（30）公務員
小山，你來啦。
今天我也是第一個！…居然不是!?
你好。
點頭
啊
撲通
妳、妳好。
我…我…可以坐妳旁邊嗎？
哐噹
請坐。
小山的心思全寫在臉上呢
哈哈

嚷嚷
哇哈哈
哈哈
哈哈哈……
大家看起來都很開心呢
這間店真不錯…
麻由子姐的店
也像這樣呢…
里子，妳來啦。
澤渡

妳看這個！是阿武先生釣到的魚哦～
我現在就做成料理，妳等一下哦！
麻由子姐最近過得好嗎……
那個……
…妳是第一次來嗎？
咦？
回神
啊，不好意思！我打擾到妳了嗎？
慌慌
張張
沒那回事，這間店很棒呢。
就是說呀！
還有客人會遠道而來喝酒呢。
之前有客人是從北海道來的。
是喔
從那麼遠的地方來呀！

因為金絲雀的熱酒是日本第一嘛！
大家都是這麼想的吧！
哈哈哈
小山，你誇成這樣也得不到好處的哦。
呃…小山…？
我姓山田!!叫做山田拓郎。
山田先生喝的是什麼呢？
「屋守」，是來自東京東村山的酒。
我剛剛也很好奇這款酒呢。好喝嗎？
那麼！
妳要不要喝一杯看看？
可以嗎！
咕嚕

哇
這款酒也好溫和好好喝哦～
！
山田先生！
湊近
啊、什麼事
要不要一起喝熱酒呢？
我有好多想喝喝看的
哇哈哈…
好！我很樂意！
太好了♡
猛地
小山，你可要拿捏好分寸。

唔…
還沒喝過的是——
咦，妳還要喝嗎!?
菜單
那麼
搖搖晃晃…
我也…再來…
搖搖晃晃…
明明酒量不好還硬要喝…
喀咯
你還好嗎!?
掉出
啪噹
哇！
山田先生!!
沙沙…
御守

讓他趴一會兒就沒事了。
不好意思……
遮出
唔～
ZZZ…
小姐
妳的東西掉了。
啊
謝謝。
笑咪咪
不會。
別客氣。
那個！
御手洗雄一郎（67）
「金絲雀」的常客

是〇△八幡宮的御守嗎？
是的！你這樣看就認得出來嗎？
我之前在電視上看到過。
聽說很受年輕女生歡迎呢。
我也是在電視上看見的。
聽說可以實現願望，所以我就去了。
希望
笑咪咪
妳的願望可以成真。
……
握緊
嗯…
願望啊…

其實…
我
現在
正在待業…
所以我是
祈求能找到
一份好工作…
哈哈…
但是…
今天面試
好像又搞砸了…
以前…

我曾經在居酒屋工作。
今天本店推薦的是猿拂產的活扇貝~
店長
菜單
那是一家主打新鮮海鮮由北海道產地直送的店。
日本酒最適合搭配海鮮了。
再來杯生啤酒！
但客人都只喝啤酒…
寫
所以當上店長後，我就把店裡改成主打日本酒。
可是…
猜中品牌可以再來一杯!!
品酒問答遊戲組合！
1200日元
啤酒！
給我中杯的生啤酒~

完全沒有成效⋯
這一大堆庫存妳要怎麼辦！
妳會負起責任的吧。
很抱歉，我一定會想辦法的！
只要有個契機，一定能
賣出去⋯
就是這個!!
90分
日本酒
喝到飽！
好！
這一次
北海道
集章活動！
收集全款可獲得
4合瓶
一定可以⋯
為了能讓客人享受日本酒，
我想了很多企劃。
果然還是
日本酒
最後一波
日本酒
特惠！
只要我繼續努力，總有一天⋯
日本酒？醉了會很難受，算了吧。
我也是～
日本酒
博覽會

但還是完全賣不出去，
自從我當上店長以後，營業額一直在下滑……
一落千丈
營業額
庫存堆積如山
啊啊啊……
妳是想把店搞垮嗎！
為了承擔起這個責任……
或者更確切地說，我對自己失去了信心。
於是我辭職了——
辭呈
唉……

我真的做什麼都做不好。
也不知道自己接下來該做什麼才好…
我怎麼會
這麼倒霉呢…
妳這麼說就不對了哦…

咦…
用自己的力量
也改變不了的命運，
其實沒那麼多哦。
但是
我真的盡我
所能努力過了！
拚命努力
卻沒有
得到結果時，
有沒有人
要去喝一杯？
我～
我要努力
出人
頭地！
大受打擊
哈哈哈
更認真工作的人
明明是我……
課長
普通員工
很多人
總是會
怪罪於命運。
這樣啊…

小姐。
妳知道中村天風這個人嗎？
天風？
中村天風嗎！我以前讀過他的書呢。
咦、他很有名嗎？
喔
他是明治到昭和時代的一位哲人啊。
哲人？

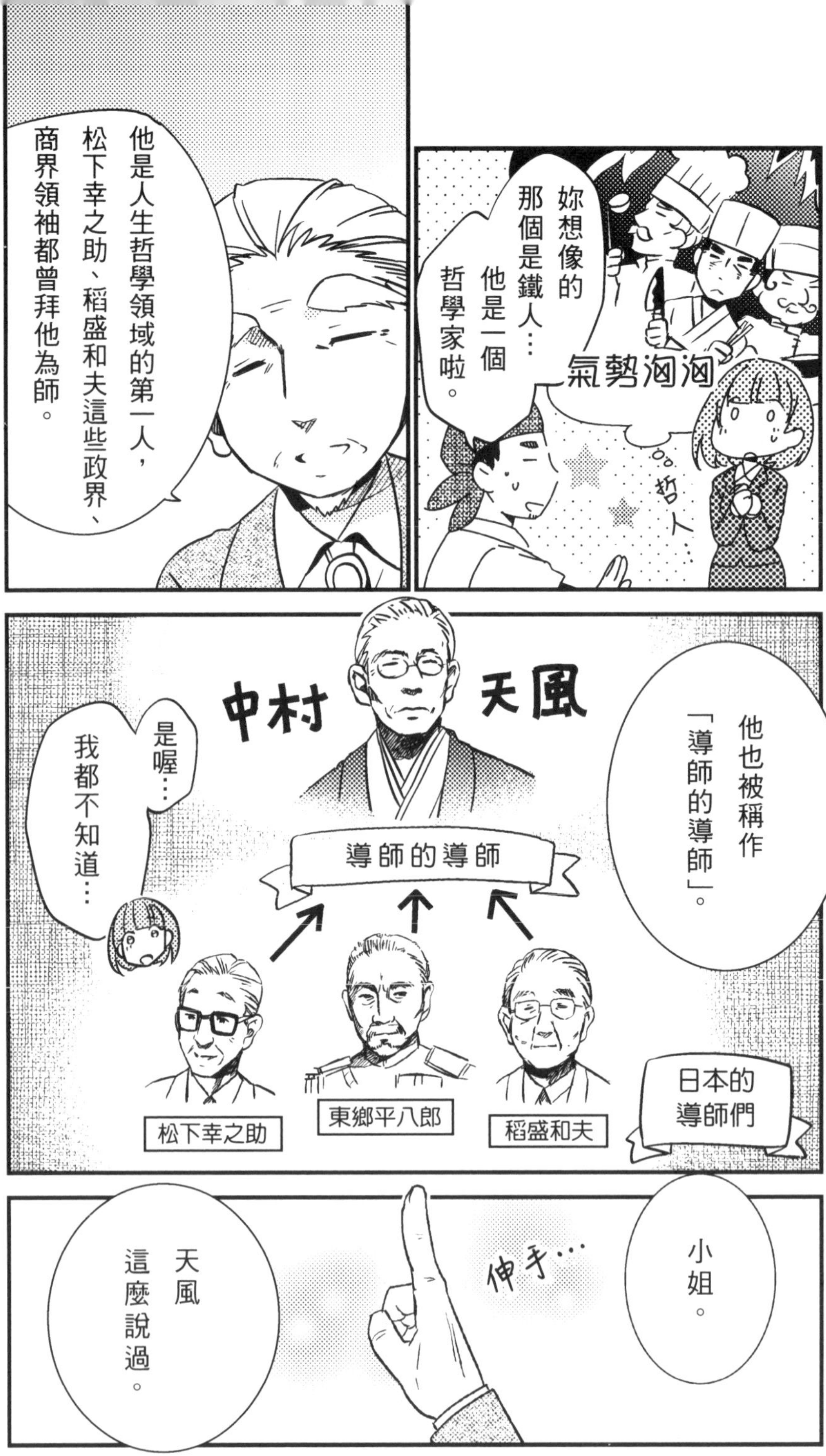
妳想像的那個是鐵人…
他是一個哲學家啦。
氣勢洶洶
哲人…
他是人生哲學領域的第一人，松下幸之助、稻盛和夫這些政界、商界領袖都曾拜他為師。
他也被稱作「導師的導師」。
中村 天風
導師的導師
是喔…我都不知道…
松下幸之助
東鄉平八郎
稻盛和夫
日本的導師們
小姐。
伸手…
天風這麼說過。

命運有兩種。
無可奈何的命運叫做天命，可以用人類的力量突破的命運叫做宿命。
※摘自《開拓命運》第六章〈人生與命運〉
天命和
宿命
天命
宿命？
有什麼不一樣嗎？

天命是絕對無法改變的事實，比如「成為這對父母的小孩」、「出生在這個時代」、「身高幾公分」等等。
不可動搖的命運
天命
宿命
可以靠自己的力量改變的命運
其他大部分都是宿命。
宿命是妳可以用自己的力量突破的東西。
命運圖
您的意思是，命運是可以改變的嗎？
不是「可以改變」，而是「可以克服」。
有什麼不一樣嗎？
「可以改變」跟「可以克服」…？

下定決心讓自己的心態保持正向，
積極地過生活。這麼一來，
天命這樣的東西就只有極少數了。

※同摘自第六章

妳現在就是執著於前一個職場失敗的難過之中。
未來
難過
痛苦
難受
傷心
憤怒
一直這樣下去，妳會無法往前走。
不過，換個角度想怎麼樣？
這剛好是個機會，讓妳重新審視自己的人生。
失敗也是自己的養分。
保持積極心態就是這麼一回事。

失敗也是
自己的養分…
哎呀。
我好像嘮叨過頭了呢。幫我結帳吧。
謝謝惠顧。
咯噔
那個…
非常感謝您！
我…
會試著保持積極的心態的。
小姐，天風還說過這樣的話哦。
笑咪咪

「有什麼樣的人生
完全取決於你的心」
※同摘自第六章
加油哦。
喀嘞…
中村天風…

唔…
好！
抓緊
宇藤先生！
衝出
哦！妳是前幾天的…
妳好～
那個…
我有一事相求。
請…
請讓我在這裡學習!!

不需要支付我酬勞
我想好好地重新學習一次。
妳想在我這種小店學習嗎……
別這麼說。
上次我度過了很愉快的時光……
我覺得我一直在尋找的東西就在這裡。
拜託您了！
鞠躬
真傷腦筋……
果然還是會被拒絕嗎……

……
我會支付妳的打工酬勞的。
在妳找到新工作前的這一小段時間而已哦。
！
為了迎來最美好的命運，我們必須努力保持積極態度，按照自己的內心生活，時時刻刻懷著感恩和歡喜的心面對一切。
※同摘自第六章
開拓命運
中村天風
我…會試著向前邁出一步。

克服自身苦難而誕生的「天風哲學」

中村天風的本名是中村三郎，1876年（明治9年）出生於東京。青少年時期的天風十分聰穎，曾經在辯論大賽中奪冠，但不服輸的個性使他經常打架。傷透腦筋的父母於是將天風託付給福岡的一個熟人。就這樣，天風進入了福岡久負盛名的修猷館就讀。但因一場柔道比賽的恩怨，他與手持菜刀的國中生發生肢體衝突，導致該國中生死亡。雖然以正當防衛為由被釋放，卻依然遭到退學處分。

此後，天風作為一名書生被託付給玄陽社（政治團體）首領頭山滿。他在頭山的勸說下從事陸軍諜報活動，在日俄戰爭期間被錄用為陸軍參謀本部諜報員，並擔任「軍事偵探」。然而，戰爭結束後，他罹患了肺結核。

當時，肺結核被認為是一種不治之症，而且還沒有確立治療方法。天風自己研究醫學，並試圖治療自己的疾病。但是病情絲毫沒有好轉，連內心也變得脆弱不堪。於是，天風為了恢復自己堅強的內心，拜訪了各個宗教的領袖，以尋求宗教的救贖，也開始閱讀哲學和心理學方面的書籍。但他並沒有得到他所尋求的救贖。天風深信，比日本更先進的歐美國家一定能讓他獲得救贖，他便飄洋過海。他走遍美國和歐洲，聽取哲學和心理學專家的意見，卻始終沒有得到他所追求的事物。

絕望之下，天風決定回國，心想自己就算要死，至少也要死在日本。回程途中，他與印度瑜伽哲學家卡利亞帕大師命運般地相遇了。瑜伽哲學不只是從心靈，而是從心靈和身體兩方面思考人類。天風跟隨老師在喜馬拉雅山腳下開始了瑜伽修行。修行了將近3年的時間，天風終於開悟，肺結核也徹底痊癒了。

回到日本後，他參與了電力和銀行等多家企業的管理。有一天，他當眾講述了自己在印度的經歷。人們被天風的故事所感動，看見大家如此高興的模樣，天風產生了一個想法：比起事業有成、沉迷於美妓美酒，不如將他在印度領悟到的思想傳播給人們。

此後，他徹底退出實業界，把在印度學到的修行方法系統化，以便所有人都能理解，並於1919年（大正8年）創立了「統一哲醫學會」（現為公益財團法人天風會）。天風哲學的內容皆源於天風自己的經歷。

中村天風

振奮人心的話語

「無論是
健康還是命運，
人類只要
能夠克服，
生命就有價值。」

「真正的幸福，
就是為了讓生活變得更加美好，
而自己採取行動。
不肯自己動手，
等著別人來為你做，
事情永遠不會有進展。」

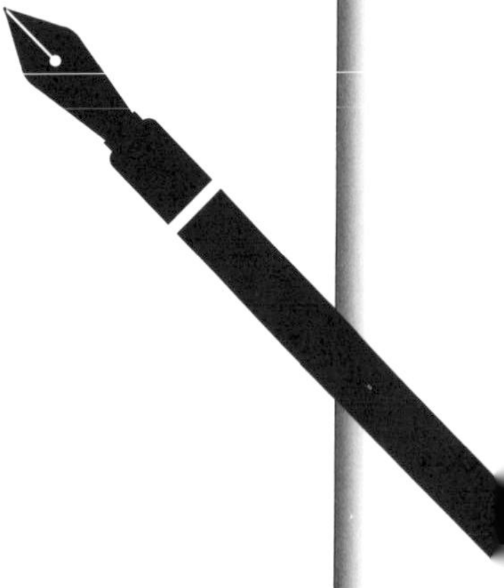

第2章

消極思想對身體有負面影響

摘自《開拓命運》第四章〈言語與人生〉

金絲雀
唉…
打擾了
吉岡由美（39）上班族

這是開胃菜
煎餅湯。
那個
煎餅湯是青森縣的一種鄉土料理…
瞪
…我知道。
撇頭
啊。
不好意思…

里子，可以麻煩妳洗一下東西嗎？
好的。
噠噠
……那個女生是？
新人
你的原則不是不僱用兼職員工嗎？
你不是說自己來比較輕鬆？
是嗎？
不悅…
哼
……我覺得她不適合啦。
哈哈…
她才剛開始做而已，包容一點嘛。

偷看…
原來是常客呀…
我好像被她討厭了…
喀啷
你好～
還有營業嗎？
請進請進。
我們碰巧在車站前遇到了。
冒出
不好意思啊，在快要關門的這個時間來。
哦？

開心
歡迎光臨。
我決定在這裡學習一段時間。
謝謝您前幾天給的建議!!
這樣啊。
這是開胃菜煎餅湯。
哇~
看起來好好吃
可以幫我準備屋守的熱酒嗎?
好的!
唉~
妳看起來很累呢。

咚
憤
氣
你能聽我說嗎!!
我帶著新來的女員工去YG超市的時候，負責人居然問我能不能讓她當業務窗口。
發牢騷
發牢騷
哎呀～年輕人真好～!!
那個色老頭真的很噁心耶!!
而且今天我還帶著新產品的樣品走來走去，肩膀有夠痠痛。
沉甸甸…
唉…
我…可能哪一天就過勞死了。

你看這個!!
新產品酪梨奶昔。
發牢騷
發牢騷
可能是對身體好啦，但又不好喝，
一定賣不出去的啦。我們的產品開發部門真的品味很差耶~
酪梨奶昔
……
發牢騷
發牢騷
又開始抱怨了……
她每次來都那樣。
那個…
要不要幫你準備酒呢？
感覺我的酒都要變難喝了……
變臉
好啊！我們痛痛快快地喝吧。
里子，妳習慣這份工作了嗎？
唔…

其實…
哐
啷
前幾天我打破了一個很貴重的盤子…
哇！
沒關係沒關係
雖然宇藤先生說「再買一個新的就好了」
不好意思…!!
但那個好像是出自一位知名作家的獨一無二的作品…
妳打破啦？那個很貴的哦~
咦
唉…
我果然什麼事都做不好…
妳這麼說就不對了哦…
唔
啊。
我明明決定要保持積極心態了…

！
對了。
噠噠
？
嘿嘿
我買了這本書。
開拓命運
中村天風
啊
我也看過那本書，是前輩推薦我看的！
但內容太深奧，我就放棄了…
我懂！
裡面很多難懂的表達方式…
？？？？
？？？
？？？？
越看腦袋越混亂…
那個
可以請您解釋給我聽嗎？
當然可以。
謝謝！
有說有笑
我也認真讀書好了…
真好～

瞄
發牢騷
發牢騷
今天我們來聊聊言語這件事吧？
轉頭
好的！
有說有笑
……
也太吵鬧了吧。
現在不是工作時間嗎？
不好意思。

笑咪咪
……
妳要不要過去一起聽呢？
咦
為什麼我要過去？
他們聊得很開心呢。
笑咪咪
撇頭
……
天風說，言語對一個人的人生和生命有很大的影響。
言語，具有足以左右人生的力量，是一種哲學，也是一種科學。
所以無論發生什麼事，我們都要注意彼此說的話。
※摘自《開拓命運》第四章〈言語與人生〉

實在意識、潛在意識，以及與它們相連的
神經系統的生活機能之間，存在著三角關係。
很多人忘記了活著的現在，
忘記了能活著
是靠神經系統的生活機能，
而不知道自己不知不覺中
在做一些破壞神經系統的
生活機能的事。

※同摘自第四章

實在意識
里子打破了盤子。
哐啷
潛在意識
在那之後，妳甚至覺得「我果然什麼事都做不好」。
我是沒用的人…
神經系統
這種念頭會變成潛意識，覺得自己「沒用」的心情會對神經系統造成負面影響，並攻擊身體的機能。
我很沒用
沒用
沒用
我什麼事都做不好
於是，
身體
最終會導致身體不適。
煩躁
煩躁
胃好像有點痛…

潛在意識的狀態被同化成實在意識的狀態。
若選擇高貴的言語、神聖的言語，
換句話說，
當我們用積極正向的言語來表達，
那麼生命的一切就會以極其美好的事實呈現出來。
然而，萬一是消極、憤怒、悲傷、鬱悶、
迷惘和煩惱等負面情緒脫口而出，
就有可能對神經系統的生活機能
造成可怕的後果。

※同摘自第四章

……
轉身…
喀嚓
妳可以想「打破盤子對宇藤先生很抱歉」，因為這是事實。
錯就錯在，妳後來把這件事解讀成「我是個沒用的人」。
事實
負面解讀
我好沒用…
重要的是，當事情發生的時候，不要以負面的角度去解讀。
我就是忍不住會那麼想…
唉～
豎起…
天風是這麼說的。

即使一開始有做錯，
搞砸了就此打住就好。
「啊，真的是熱得受不了。」
「以前的我是這麼說的。」
直接在這裡結束就可以了。

※同摘自第四章

我們不僅要對自己
使用積極
正面的言語，
對他人也要這麼做。
傷害別人的話、
令人氣餒的話、
讓別人失望的話、
憎惡、悲傷、嫉妒的話，
可以隨口說出這種話的人，
就像是在助長惡魔
的氣勢一樣！
從哲學的角度來說，
這些人正在摧毀
自己和他人的命運。
※同摘自第四章

冒出
各位
啊，工作…
遞出
不嫌棄的話，請吃吃看。
是螃蟹耶～！
這是來自青森的棘栗蟹。作為向老顧客表達謝意的招待料理。
一驚
螃蟹……？
真的可以嗎!?
就當作你們現在開始續攤了。

咦
吉岡小姐也過來一起吃吧。
喀嗒
……
那我就…
瞄

哇
看起來好好吃…
回神
吉岡小姐很喜歡吃螃蟹嘛。
哇~
唔~~~
她笑了…
那我們現在就開始續攤吧。
乾杯——!

那個……
謝謝您。
點頭
嗯？
妳是指什麼事情呢？
宇藤先生也一起吃吧。
!
里……
里子也是。

好的!!
因此，我們在實際生活中，
要經常使用友善的言語、勇敢的言語、不傷害彼此感情的言語，
以及給彼此帶來更多歡樂的言語。
※同摘自第四章

如何訓練自己克服人生中的苦難

生活中，我們經常會遇到各種麻煩，生病、工作失敗、人際關係不佳等等。遇到這些事會讓人悲傷、苦惱、煩躁……明知道消極的想法只會讓情況越來越糟，但卻無法控制自己的情緒。每個人應該都有過這樣的經驗吧。中村天風系統化了一套可以控制情緒的身心訓練方法。這種訓練方法被稱為「身心統一法」，是可以將人類原本擁有的生命力發揮到極致的方法。

世界上有不擅長控制情緒的人和擅長控制情緒的人。比如說，有些人在失敗過後會感到沮喪，認為「我很沒用」，但也有些人會激勵自己說：「我要從這次失敗中記取教訓，下次不會再犯相同的錯誤。」天風意識到，人們對事物的感受和反應的不同，是「感應能力」的差異所造成的。認為自己是「沒用的人」的人，是感應能力較為消極的人。相反地，想著「下次不能再犯相同錯誤」的人，是感應能力較為積極的人。

很多政治家、商界人士、藝人和運動員都向他拜師

天風認為，感應能力是根據出生後的經驗所塑造的，可以透過訓練轉變成積極正向的能力。在「身心統一法」中，我們會以培養正向心態為目標進行訓練。具體的方法將從第96頁開始介紹，天風將他從瑜伽修行、心理學、哲學等中習得的知識，重新系統化成每個人都可以理解的形式。

透過學習這種方法，可以充實「體力」、「膽識」、「判斷力」、「果斷力」、「精力」、「能力」，無論面臨什麼樣的困難，都能夠憑藉自己的力量去克服。這六種力量是成為各行各業頂尖人物所需的素質，因此許多政治家、商界人士、藝人、運動員都師從天風並受其影響。松岡修造也是其中一人。據說，松岡在比賽中苦嘗連敗，甚至考慮要退役時，遇見了天風哲學，從而實現了打入溫布頓網球公開賽八強的目標。足球員長友佑都、市川海老藏、石田純一等人也是忠實讀者。天風哲學至今仍在開拓許多人的命運。

中村天風

振奮人心的話語

「言語具有足以
左右人生的力量。
這種意識，
是引導人生走向勝利的
最佳武器。」

「我們憑藉私心
為自己的欲望設定標準，
一旦事情沒有照著自己的理想發展，
就會感到不滿或埋怨，
這樣當然永遠都
感受不到真正的幸福。」

第3章

過度擔憂使你的命運每況愈下

摘自《開拓命運》第十一章〈勇氣與擊退不幸福〉

有說有笑
有說有笑
金絲雀
喀嘟
歡迎光臨！
那個…就我一位…
伊藤祐輔（33）上班族

張望
那麼…
那個位子有客人預約了。
啊，好的。
我坐座位區就好了。
笑咪咪
不好意思。吧檯區已經滿了…
不介意的話，座位區還有空位…
謝謝您的諒解！

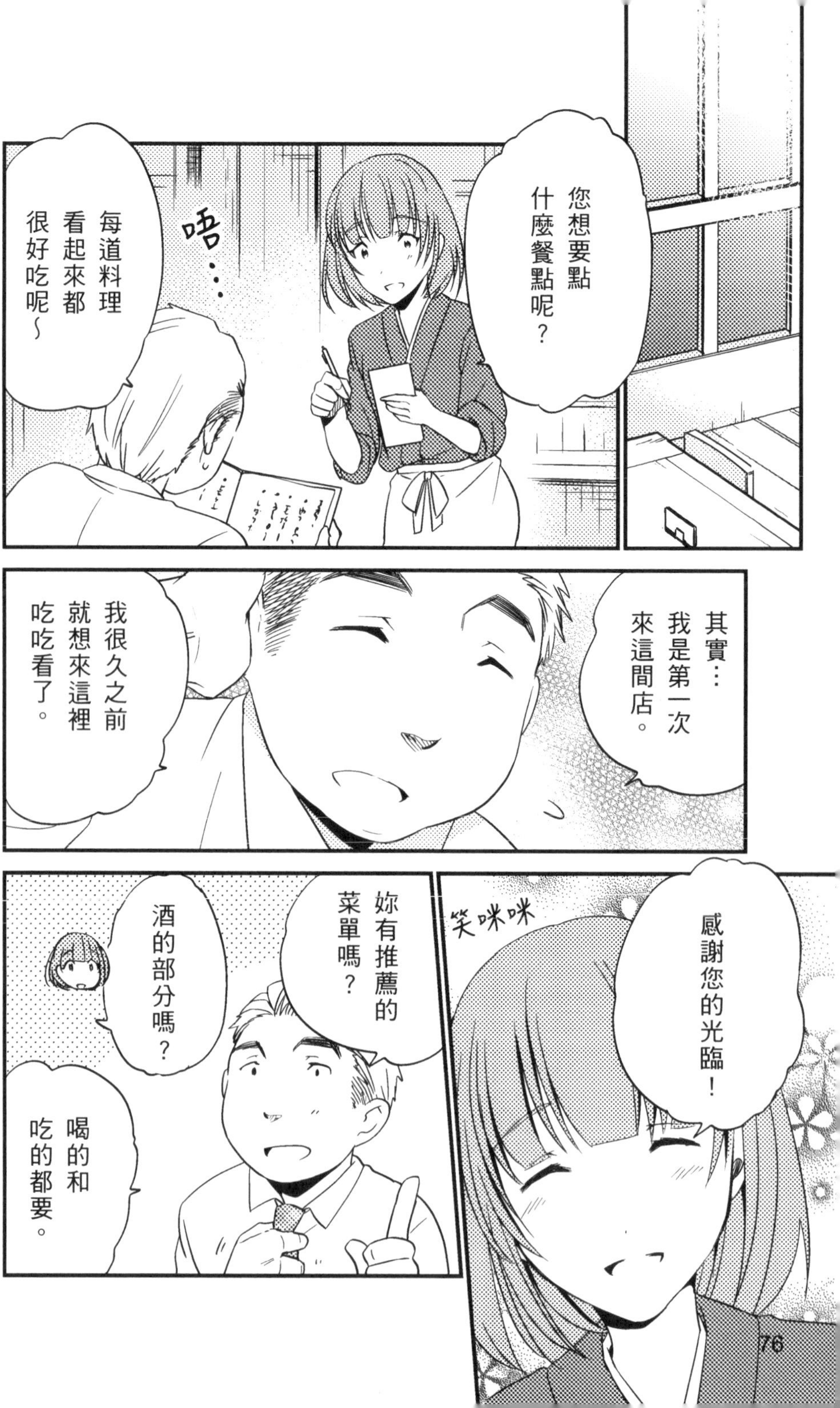

您想要點什麼餐點呢？
唔…
每道料理看起來都很好吃呢～
其實…我是第一次來這間店。
我很久之前就想來這裡吃吃看了。
感謝您的光臨！
笑咪咪
妳有推薦的菜單嗎？
酒的部分嗎？
喝的和吃的都要。

那我們先從酒的部分開始。
雖然菜單上沒有寫，但我們也有提供整支啤酒。
我想從第一杯就開始喝日本酒。
我喜歡喝日本酒
您有偏好嗎？
您比較想喝冷酒還是熱酒呢？
唔～妳幫我決定吧。
您預計要喝多少呢？
2、3杯吧？
這樣呀……
嗯！
我們店長是青森人，要不要喝看看青森的「豐盃」呢？口感滿纖細高雅的。
第一杯做冷酒，第二杯再做成熱酒，邊喝邊比較，可以享受到完全不同的氛圍哦。
豐盃

聽起來很有意思呢！麻煩幫我準備。
沒問題！
接著，料理的部分…
讓您久等了！
為您送上豐盃冷酒和開胃菜涼拌蟒草。
蟒草？

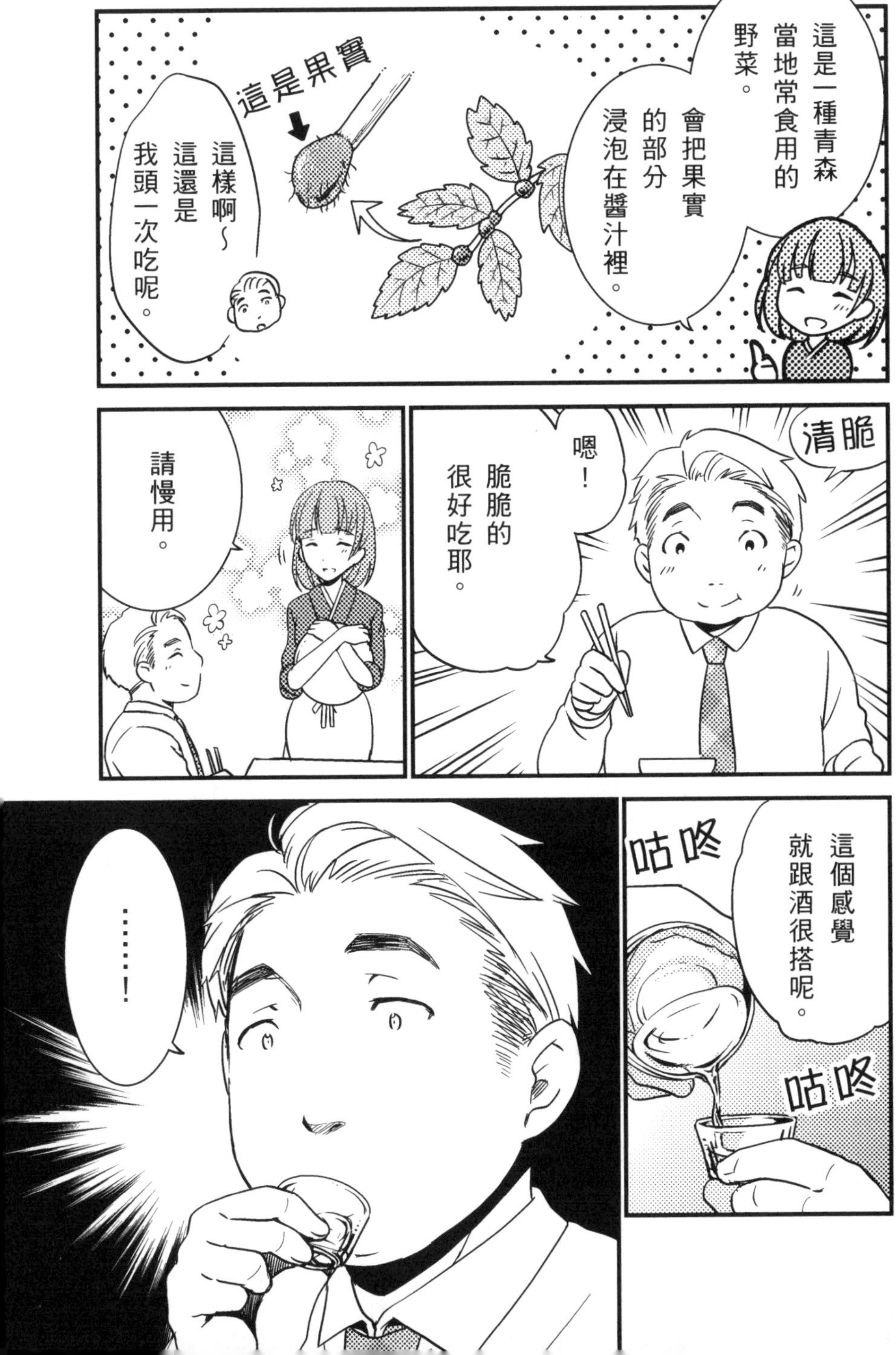

這是一種青森當地常食用的野菜。
會把果實的部分浸泡在醬汁裡。
這是果實
這樣啊～這還是我頭一次吃呢。
清脆
嗯！脆脆的很好吃耶。
請慢用。
這個感覺就跟酒很搭呢。
咕咚
咕咚
……！

……!
不好意思!!
咚
什麼事？
我要結帳。
能幫我取消其他餐點嗎？
不悅
我、我明白了。

那個……
請問有什麼地方招待不周的嗎……
哐噹
別說那些了，結帳。
好的……
噹啷
哐
啷
砰
謝謝您的惠顧。
……

唉……
里子，這件事不怪妳。
消沉…
可是……
喀啷
歡迎光……！
御手洗先生！
晚安。

今天的開胃菜是涼拌蟒草。
看起來很好吃呢。
……
喝一口
吃一口
唉…
回神
？
啊，不好意思！

笑咪咪
發生了什麼事？
……
我…
我好像做了讓客人不開心的事…
是不是我選錯酒了呢…
還是對食物不滿意？
難道是因為我讓他坐座位區而不是吧檯區？
嗚嗚…嗚嗚…
搞不好是我害他覺得這間店很糟糕…
飯菜和酒都糟透了!!
☆1
然後在部落格寫下負評之類的～！

唉…
我…
我做的事…敗壞了宇藤先生的金絲雀的聲譽…
低～～落…
唉呀啊啊…
咦？
我剛剛說的…？
妳這麼說就不對了哦…
天風這麼說過。

如果我們養成憂慮和悲觀的習慣，
卻沒有意識到這是一種需要反思的壞習慣，
就像人類共通的特性一樣，
多做多錯，
越做越錯，
害人生的光明逐漸黯淡的悲哀情緒，
將會一步步主宰我們的人生。

※摘自《開拓命運》第十一章〈勇氣與擊退不幸福〉

壞……習慣？
是的，天風說憂慮和悲觀都是人類的壞習慣。
可是！
一旦發生了不好的事情，任何人都會擔憂或悲觀的。
嗚嗚
那麼想是錯的。

如果悲觀和擔憂都是正確的真理的話，
那麼罹患疾病而憂慮的人
應該要很快痊癒，
而那些經歷過不幸而悲觀的人，
應該過上好運的人生才對。
但事實卻恰恰相反。
※同摘自第十一章
要保持積極的心態才行。
妳再怎麼擔憂或悲觀也不會讓情況好轉，
反而會變得更糟。
好擔心…
為什麼老是變成這樣呢？
那是因為妳缺乏勇氣。
勇氣？

保持積極心態的關鍵就是勇氣的煥發！
所以，
無論遇到什麼狀況，
我們都要以勇氣和勇氣來應對。

※同摘自第十一章

在這個世界上
或漫漫人生中，
沒有什麼事情
是真的很可怕的。
會感到害怕的是自己的心。

※同摘自第十一章

如果妳有勇氣，
自然就能夠
以積極的心態去生活。
妳得對自己的
做事方式更有信心。
有勇氣就意味著
相信自己走的路，
對吧。
沒錯。
將來
妳自己
開店的時候…
開店!?

到時候，妳只能相信自己的品味和感覺去一決勝負
這就是為什麼妳得有勇氣才行。
里子，妳想開什麼樣的店？
咦…我從來沒想過自己開店的事…
麻由子姐…
……
喀嘟

歡迎光…
啊！
那個…
幫您送上青森關東煮和豐盃的熱酒。
請慢用。
※淋上生薑味噌是青森關東煮的最大特色

那、那個！
合十
非常抱歉！
剛才…我在吧檯區看見了一張很像我主管的臉。
二愣子!!
你連這種事都做不好嗎？
我和那個上司有一點摩擦……
不小心遷怒到你們身上了……
我真的做了很過分的事……
想著要來道歉才行……
低落……
——還有

我實在是太想吃看看妳推薦的料理了…
所以就跑回來了。
吃一口
喝一口
呼～
好吃!!
其實我滿餓的…可以再麻煩妳推薦幾道嗎？
咕嚕…
好！
包在我身上!!

動作
俐落
妳想開什麼樣的店？
放下…
……
只要我們不喪失勇氣，這個世界上就沒有什麼好害怕的。
※同摘自第十一章
自己的店呀…

將潛在意識要素轉化成正向事物

我在第70～71頁的短評欄中解釋過，即便是面對同樣的失敗，有的人會消極看待並感到沮喪，有的人則積極看待，認為「失敗是成功之母」。天風哲學認為，這種感知上的差別，是由於「感應能力」的差異所造成的。中村天風更主張，這樣的差異並非與生俱來，而是根據經驗後天形成的，是可以透過訓練來改變的。

那麼，我們要進行什麼樣的訓練，才能把「感應能力」轉變為積極正向的呢？天風認為，將「潛意識」中構成一個人思維方式的要素，轉變為積極正向的事物，是最重要的。

利用人類容易受到暗示的特性

人類的精神活動，在心理學上可以分為「實在意識」和「潛在意識」。實在意識，是指在日常生活中自己可以意識到的心靈領域。相對地，潛在意識則是自己也無法意識到的心靈領域。潛在意識又被稱作「心靈的倉庫」，儲存著你過去經歷的所有記憶。

其實，實在意識會根據潛在意識中過去的記憶，來決定我們的日常行為。如果你的潛在意識裡有很多消極負面的事物，那你的思考和感受就不可避免地會變得很消極。

由於潛在意識是我們自己無法意識到的心靈領域，想要去改變它是不可能的。然而天風發現，透過暗示，可以把潛在意識中的感知、理解、思考的素材（觀念要素）轉化成積極正面的事物。人的心靈天生就容易受到暗示影響。例如，看到悲傷的新聞會讓你感到難過，看美食節目會讓你突然很想吃拉麵，這些都是一種暗示。

為了給潛在意識更猛烈的暗示，最好伴隨著感動或震驚等強烈的情緒（強度），或者一遍又一遍地反覆體驗（頻率）也是有效的。於是，天風提出了一種自我暗示法，可以在「睡前」和「醒來後」進行，不僅可以安靜地集中注意力，也能確保一定的強度和頻率。我會在下一頁介紹具體方法。

睡前想一些有趣或開心的事
聯想暗示法

人類在晚上睡覺前最容易受到暗示影響。這是因為大腦會慢慢停止活動，準備進入睡眠狀態。因此，實在意識的想法就更容易毫無限制地進入潛在意識中。利用睡前的這段時間給予自己暗示的方法，就稱作「聯想暗示法」。

不管是什麼內容都無所謂，想一些令人感到有趣、開心、正向、積極的事情。試著想像一下那些越想越開心的事，像是「旅行的規劃」或「下個月的簡報做得很成功的自己」。

無論白天在職場或人際關係上發生了多少不愉快、悲傷的事、憤怒的事……當你要上床睡覺時，就不要再去想任何負面的事。只要想著正面的事，負面的想法就不會出現在你的腦海中。這是因為人類沒有辦法同時擁有截然相反的情緒。如果帶著正面的情緒入睡，大腦也會得到充分的休息。你也就能產生更好的想法、做出更理想的行動。

〈實在意識和潛在意識的運作方式〉

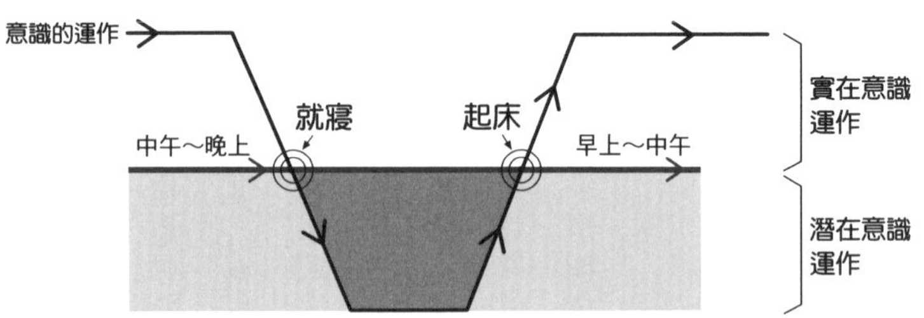

實在意識只有在我們醒著的時候才會運作，但潛在意識在我們睡著時也是很活躍的。這張圖顯示了意識一整天的運作方式。「聯想暗示法」、「命令暗示法」、「斷定暗示法」都是利用這樣的運作方式進行的。

睡前用自己的願望命令自己
命令暗示法

「命令暗示法」，是一種在晚上睡覺前對著鏡子做的自我暗示法。對著鏡子裡自己的眉間下一次命令，說出自己想要的心理狀態，比如「你會成為一個意志堅強的人！」「你會成為一個穩重的人！」每天反覆這麼做，最終就會實現。以下是幾個進行時的要點。

・照鏡子時看著自己的眉間

・用第二人稱（你）對自己說話

・「命令」自己成為特定一種心理狀態
（不能是「請求」或「祈禱」）

・小小聲地認真說出口

・每晚只做一次

・一直持續到實現為止

早上醒來時，斷定昨晚的願望已經實現了
斷定暗示法

「斷定暗示法」是要和上述的「命令暗示法」一起進行的方法。這個方法有沒有使用鏡子都可以。第二天早上醒來時，要斷然地說出昨晚用「命令暗示法」所說過的話。例如，昨晚暗示自己「你會成為一個意志堅強的人！」第二天就要堅定有力地大聲說出「我已經是個意志堅強的人了！」不管自己的意志是不是真的變得更強大了，都要如此斷言。斷定暗示法不光是在起床的時候進行，在一天內多做幾次會更有效。

中村天風

振奮人心的話語

「勇氣總是帶來勝利，
而恐懼往往帶來失敗。」

「如果想活出有價值的人生，
第一件事，
就是要做
有價值的人生不可或缺的事。
也就是改變自己的心態。」

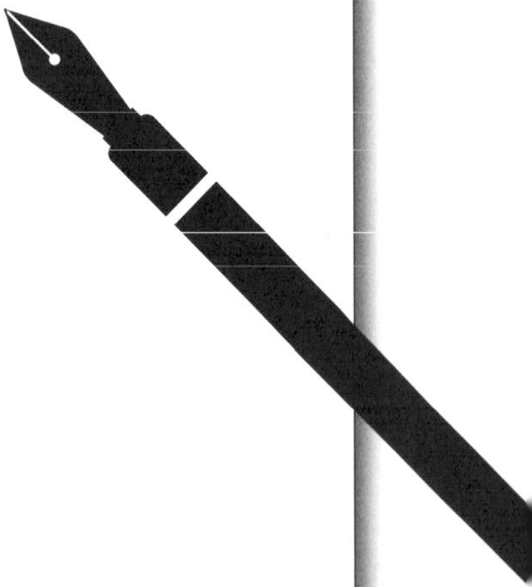

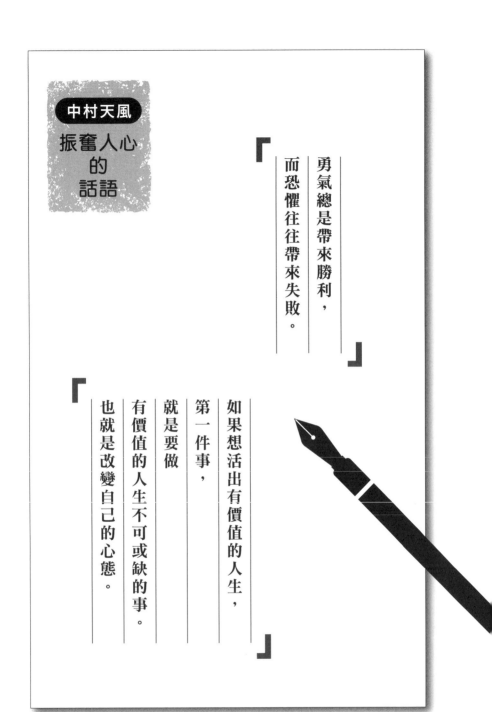

第4章

每個人都擁有無限可能性

摘自《開拓命運》第一章〈生命的力量〉
&第二章〈支配人生的法則〉

嗶～～
！
哎呀。
喀嚓

咕咚
咕咚
……
扭緊
好！
來了，來了～
噠噠
喂，您好。
嗶
那個…

我是山田。
啊，你好！
不好意思，打擾妳休假了。
那個……
我想去！
太好了～那我就先去預約囉。
好！
嗶
呵呵
好期待呀。

放入
開拓命運
村天風
御守
好。
喀嚓
吉祥寺駅
Kichijoji station

咦？
澤渡…？
噠
不會吧…
……
──我想也是。
失望…
飯館
靜
飯館
靜

呼⋯
拿出
開拓命運
中村天風

唔——
嗚嗚…
果然還是很難懂啊~
還是請御手洗先生解釋給我聽吧…
咕嚕咕嚕
……先填飽肚子吧。
摸索
——嗯?
奇怪?
翻找
啊~!
我忘了帶水壺了~!!
那可不行呢…

呵
御手洗先生！
來，喝吧。
遞出
好喝～
茶
不好意思……
還讓您買給我…
坐下
這沒什麼。
我就住在附近，井之頭公園是我平時散步的路線。
可以住在這附近很棒呢～

您要不要吃一個呢？
那我就恭敬不如從命了。
請用！
嚼嚼
嚼嚼
嗯
妳把整本書都看完了嗎？
我看了好幾遍，但內容還是太深奧了⋯

在我的哲學中，
將這種創造宇宙的能量來源稱為「宇宙靈」。
人們稱為神，
為之取了所謂神佛的名諱，
如天之御中主神、
如來或是阿拉。
※摘自《開拓命運》第一章〈生命的力量〉
這個部分我剛好不太明白。
宇宙靈是什麼呢？
是幽靈嗎？但又寫著是神⋯⋯
這個嘛⋯⋯
解釋起來會有點花時間，可以嗎？
可以的！
沙沙

眼前的一草一木、清澈的藍天、飄逸的白雲、直流而下的瀑布，沒有一樣是人為力量形成的──
──當我們稱為自然界的這個肉眼可見的宇宙被創造出來時，
肉眼不可見的宇宙一定更早之前就存在了。
我們必須思考這一點。因為萬物並非無中生有。
※同摘自第二章〈支配人生的法則〉

儘管我們看不見也感受不到，但一定有東西創造了這個大自然。
從哲學角度來說，天風就是這麼直覺認為的。
這就是天風所說的宇宙靈。
既不是幽靈，也不是宗教意義上的神祇。指的是打造出這個世界的大自然能量。
這種能量的本質是什麼呢？

宇宙靈不停不歇地工作著。
它是在創造上片刻也不休息的活動體。
正因為如此，
這個宇宙才會不斷更新、不斷進化、不斷發展。

※同摘自第二章

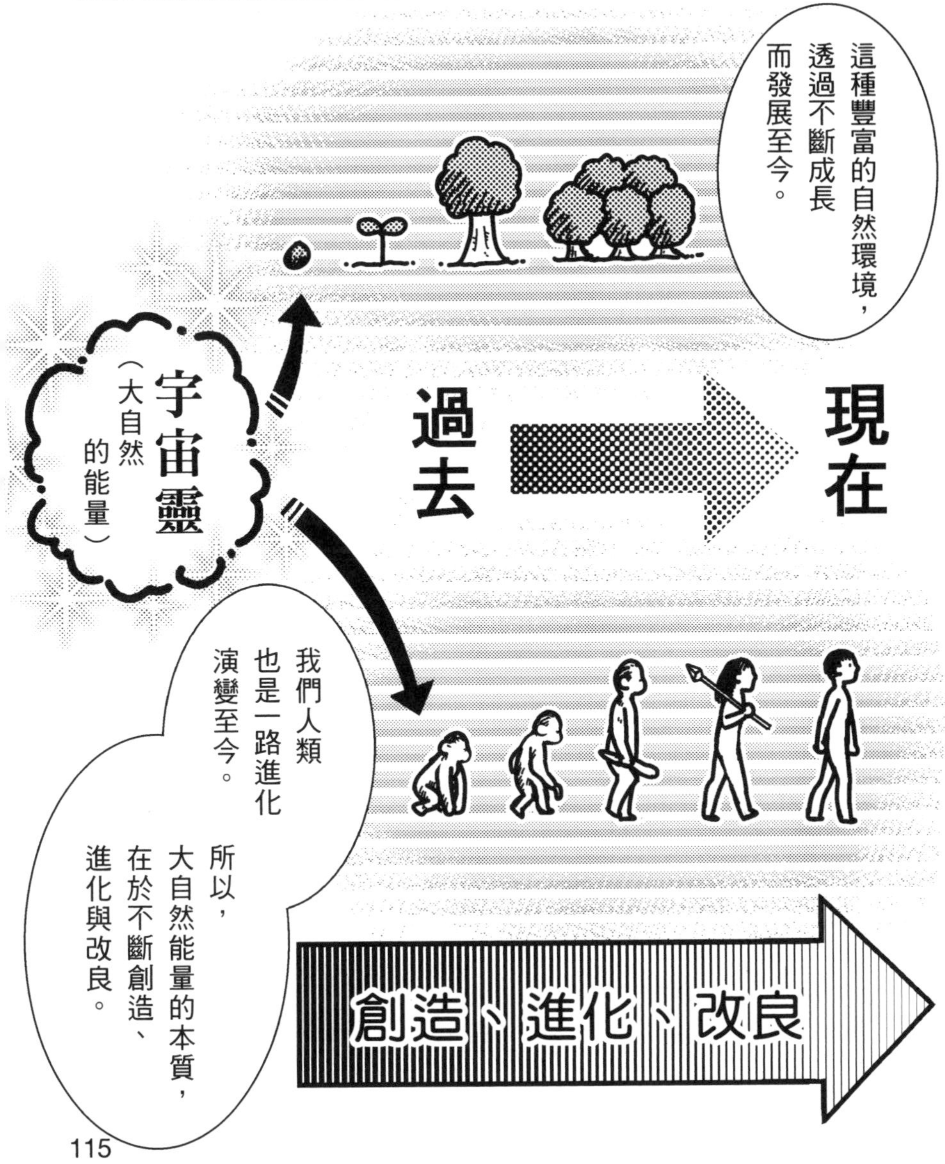
宇宙靈
（大自然的能量）
這種豐富的自然環境，透過不斷成長而發展至今。
過去
現在
我們人類也是一路進化演變至今。
所以，大自然能量的本質，在於不斷創造、進化與改良。
創造、進化、改良

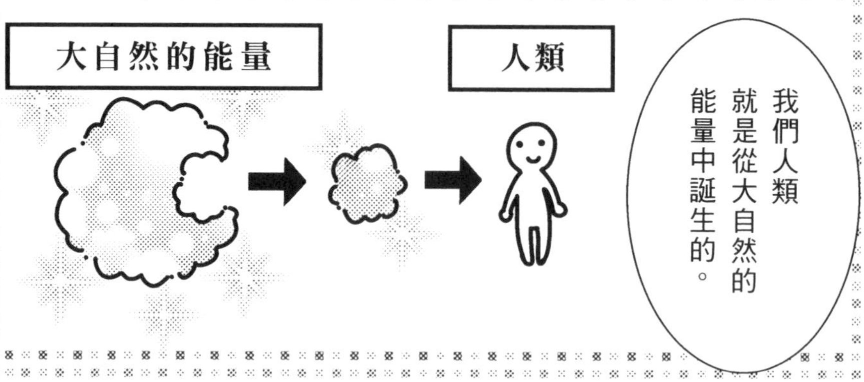
大自然的能量
人類
我們人類就是從大自然的能量中誕生的。

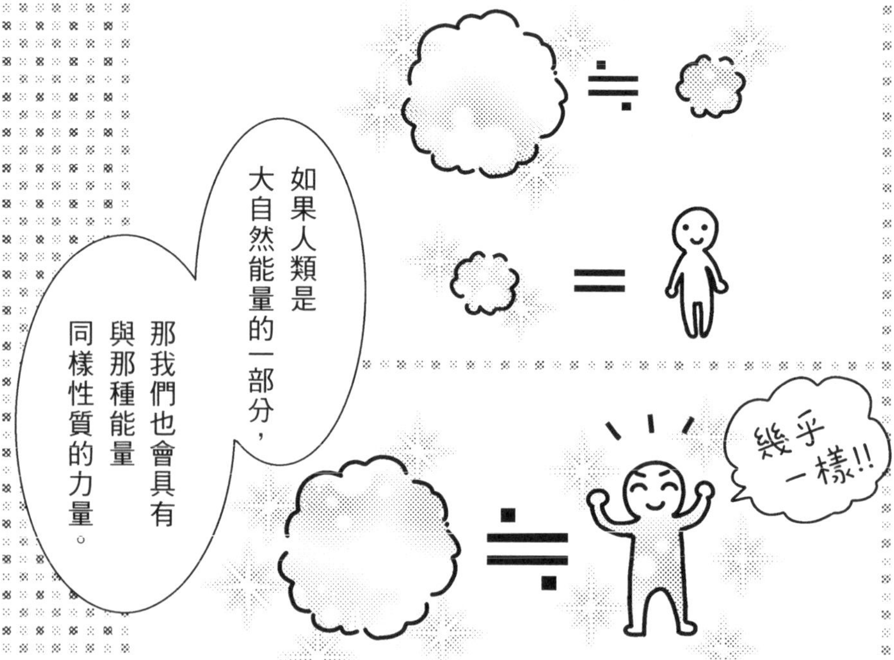
如果人類是大自然能量的一部分，
那我們也會具有與那種能量同樣性質的力量。
幾乎一樣!!

人類的生命和宇宙靈的生命，
是完全不可分割的，
而且在內容上是相同的。
因此可以斷定靈性智慧也可以達到同樣的程度。

※同摘自第二章

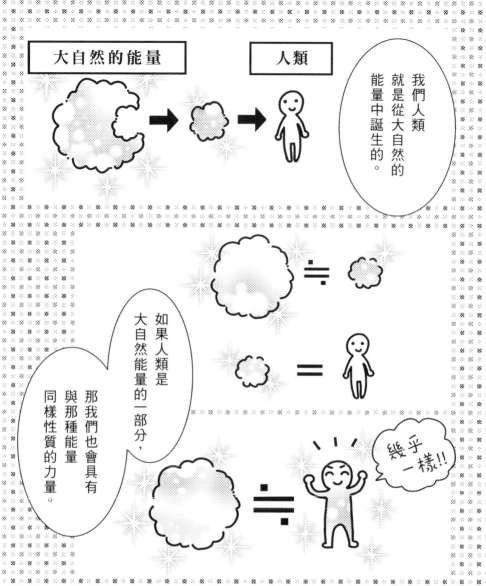

我們必須正確地意識到自己是力量的結晶，
克服健康問題和命運問題。
如果你的心中
自始至終都充滿著這種覺悟，
即便沒有付出太多努力，
也可以用活力充沛的狀態度過人生。

※同摘自第一章

只要心態積極，就能開拓命運。
一定可以的。
一定⋯⋯

哎呀，都這個時間了。
我還有約，那我就先失陪了。
好的，謝謝您陪我聊這麼多！
啊。
下次店裡見
好!!
我沒有給他茶的錢⋯!!
哐噹
!

御手洗先——
啊。
走掉
呼呼
呼呼

奇怪？
張望
我跟丟了…

擺脫芥蒂，不再執著

「身心統一法」，是一種將自己的消極心態轉變成積極心態的方法。然而，天風所倡導的積極並不代表「盲目地埋頭苦幹」。

積極心態確實包含了「活得正向」的含義。但最理想的積極心態並不是「努力」，而是消除心中的芥蒂，不執著於任何事物的「泰然豁達」。例如，當你對某個人感到憤怒時，試著轉換心情，不要被這種情緒牽著鼻子走。又例如，失敗的時候，不要因為失敗一直萎靡不振，而是思考自己下一步可以做什麼並繼續前進。只要我們還活著，就無法避免感受到恐懼、憤怒、悲傷等負面情緒。但不一直執著於這些情緒，才能擁有積極的心態。

天風提出了想要擁有積極心態時，在日常生活中需要牢記的五件事（見左頁）。如果將這些事銘記在心，自然會養成積極正面的思考、言語和行動的習慣。試著將這幾件事融入日常生活中吧。

①內省檢討

我現在的想法是積極還是消極的？時時刻刻客觀地觀察和分析自己的心理狀態。當你發現自己的想法變得很消極時，想辦法立刻擺脫這樣的思考方式。

②分析暗示

我們的日常生活中充滿了暗示。電視上輕鬆愉快的新聞會讓心情變得明朗，悲慘的新聞則會讓心情變得黯淡。從別人口中聽到的話也都具有暗示性。和活力充沛的人相處，你也會變得很有精神；和軟弱的人相處，你的內心也容易變得很消極。時時刻刻分析周遭的暗示，多接受積極正面的暗示，盡量避免消極負面的暗示。

③社交態度

我們也都是會給予別人暗示的存在。尤其要注意的是「同情」。比方說，對生病的人說：「你應該很難受吧。一定很累吧。」會給對方和自己都帶來消極負面的暗示。除了鼓勵之外的話，最好都不要說出口。

④嚴禁自尋煩惱

無論你對未來有多擔憂（＝杞人憂天）或對過去的失敗有多懊悔，都是無能為力的。這只會白白消耗你的精神能量而已。人類唯一能改變的就只有「現在」。天風嚴格禁止我們為過去和未來煩惱。但這並不意味著什麼都不用想。要保持積極正面的心態，從過去的失敗中學習，為未來構想有建設性的計畫。

⑤執行正義

當你聽到「正義」這個詞時，可能會覺得必須完成一些偉大的事，但事實並非如此。正義就是活出不感到慚愧或內疚的人生。也就是遵循著自己的內心和良心行事。

中村天風 振奮人心的話語

「聽好了，
幸福、健康和成功
都不是來自其他地方。
而是本來就存在你的心中。」

「無論遇到什麼困難，
無論面臨多麼痛苦
或出乎意料的大事，
我們都要坦然應對、
泰然處之，
與我們的日常生活沒有什麼區別。
這就是我所說的積極精神。」

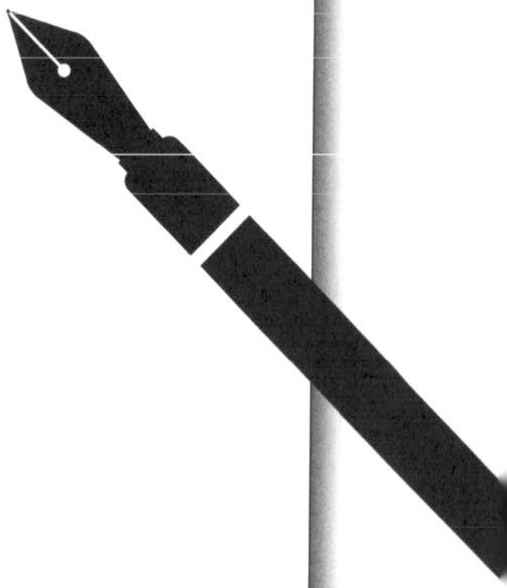

第5章

在心裡具體描繪來實現理想

摘自《開拓命運》第十二章〈理想與想像〉

我幫你倒。
啪唰
哇！

對不起，我馬上幫你擦一擦。
沒關係。我來就好。
輕碰
啊。
山田先生。
里子…

山田先生～！
害臊
啊。
轉頭
里子…
嗯！？
讓你久等了。

你好
咦？
咦咦～～～!?
明天我要和山田先生一起去「浪花」。
浪花是吉祥寺那間很紅的店吧？
我也好想去看看呀～！
那就一起去吧！
真的嗎!?
人多一點比較熱鬧呀。
山田，請節哀…
那山田那邊我再跟他聯絡吧。
笑咪咪

妳…
哪有聯絡我…
抱歉抱歉，我直接打給店家訂位了。
嘿嘿
幸好有空位呢。
好像是昨天臨時有人取消了。
我們好幸運喔！
對呀～
有說
有笑
唉ooo
幸運個頭…
對了，我前幾天在井之頭公園碰巧遇見了御手洗先生。
他說他就住在附近呢。
鬱悶…
是喔，真有錢～
那附近都是高級住宅區吧

御手洗先生是做什麼工作的呀？
我也不知道。不如問問宇藤哥？
不能在酒場打探客人的職業！
宇藤先生好像也不知道。
這樣啊～
浪花
他給人的感覺滿優雅的，可能是哪間公司的社長吧～

喀啷
歡迎光臨。
我姓山田，有預約的。
歡迎你們來。
笑咪咪
心花怒放
好漂亮的人呀……
張望

這間店的氛圍真好。
今天就麻煩您了。
點頭
麻由子姐！
哎呀
咦！
澤渡麻由子（44）
「浪花」的店長

哐
乾杯！
哐
叩
這是「酢橘果凍佐青花椰菜慕斯」。
上面用的是紫海膽做點綴。
好好吃！
好幸福～
那個，妳們認識呀？
我以前經常去麻由子姐的店。
之前的店面是開在阿佐谷…

唉……
每天都在重複同樣的事情…
我是不是不適合這個工作啊…
唉…
這是我招待的，請慢用。
哇
好多蔬菜！
都是客人送的。
吃看看澤渡特製的酒盜醬吧。
很下酒的唷～！
笑咪咪

每次去店裡都能讓我重新振作起來…
我就想著要像麻由子姐一樣，做一份可以鼓舞別人的工作。
唉…
所以妳才改行去居酒屋工作的呀。
但我卻做不好…
然後我就遇到了宇藤先生。
之前的店…
因為要回老家照顧媽媽，所以就收起來了。
沒想到會回到這裡來…
さわたり

這是用當地食材做的
「炸章魚丸子」。
灑在上面的碎末
是鴨兒芹嗎？
好香呀～
好下酒啊～
呼～
接下來
我會繼續上菜，
各位現在有多餓呢？
非～常餓！
我知道了。
呵呵

生魚片拼盤
※用刷子塗醬油很有趣
芝麻豆腐
※淋上燉煮過後的鰻魚醬
冷製涮牛肉
※與果凍醬和味噌醃製的蛋黃一起食用
秋刀魚炊飯
※是用釜鍋炊的
嗯~
都好好吃喔~
每一道都很下酒呢!

樂開懷～～～
真的～每一葛～都好好粗～
嗝
我去倒杯水來吧
哎呀 您還好嗎？
他一喝酒就會這樣，不用擔心…
好吃～
謝～謝～
澤渡小姐人很好呢。
我一直很嚮往能成為她那樣的人。

提供美味的料理和酒
讓每個人感到幸福…
那妳得好好努力，像澤渡小姐一樣開間店了呢！
啪
開店…
將來妳自己開店的時候…
我也很嚮往能擁有自己的店…
但…感覺像是個遙不可及的夢想…

「如果能那樣就好了……」不要只是這樣在心裡燃燒你的願望，
要在腦海裡描繪出自己已經成功時的感受和模樣。
※摘自《開拓命運》第十二章〈理想與想像〉
咦
這些話是…
翻找
翻找
嘿嘿
後來我也在讀這本書呢。
開拓命運
中村天風
翻頁…
這裡不是寫著「除非你能具體地想像自己的夢想，否則無法實現」嗎？

無論是寫字還是畫圖，
都是同樣的道理。
當你手裡拿著一張紙時，
如果想要畫的東西沒有出現在紙面上，
你就畫不出任何出色的作品。
只是拿起畫筆，沾上墨水，
草率地畫畫，
你就創造不出像樣的作品。

※同摘自第十二章

妳不是已經有很具體的想像畫面了嗎？
澤渡小姐精心調味的料理，和對客人的溫柔體貼，都是妳心目中理想的樣子吧？

…其實啊，酪梨奶昔的銷售量稍微上升了一些。
讀完《開拓命運》後，我決定盡可能去做我能做到的事…
酪梨奶昔
酪梨奶昔一定賣不出去啦!!
雖然還差得遠啦。
那很好呀！
哇－！
啪
接下來就輪到里子妳了。

我先失陪了。
喀啷
點頭
辛苦了。
哎呀，都這個時間了!?
!?
空無一人
不好意思！
呼嚕～
待到這麼晚⋯
別這麼說。可以慢慢坐的。
山田，要回去了。
唔⋯
里子。

剛剛聽見妳們聊天了，妳現在在餐飲店工作嗎？
啊，對。
我現在在西荻窪的一間叫做金絲雀的店工作。
哎呀
那不是一間以日本酒聞名的店嗎！
比較像是我強行拜託對方讓我在那邊工作的……
?
強行拜託？
我們說好，如果我找到下一份工作，就會辭職。
咚
里子，妳要不要在我們這裡工作呀？
咦!?

這個月實在是太忙，所以有員工要離職了。
這下正好～♡
這下沒有人可以幫忙準備料理的食材，
我正在發愁呢～
這不是件好事嗎！
驚
!?
我以前都沒有幫忙準備過食材，我不會呀。
別擔心啦，我會教妳的。
???
而且…
這可是在憧憬的人手下工作的好機會耶！
這麼輕易說辭就辭的話，好像太自私了…

妳也不必強迫自己。
可以來這邊工作的時候再聯絡我就好了。
謝謝招待～
謝謝光臨
浪花
開心喔～
♪好～
唉，真是的
……

時時刻刻在腦海中描繪自己的理想，
要清楚明瞭得像現實一樣。
而你描繪出來的這幅畫，絕對不能被替換掉。
在昨天和今天之間，
不能變成完全不一樣的東西。

※同摘自第十二章

御守
放入
中村天風
……
放下……
我就不要再求神拜佛了……
御守

對於擁有優秀理想的人來說，不需要將神或佛視為信仰的目標。——
——當你的理想越讓你樂在其中，即便不依賴信仰、尋求神佛的力量，
自己的人格也已經鑲嵌上莊嚴的事實，自然而然會變得更加優秀。
這和一般的宗教信仰相比，甚至會在不知不覺中，創造出更現實的救贖。
※同摘自第十二章

金絲雀
走吧。

把壓力降到最低，轉變成積極正面的心態

我們活在一個充滿壓力的時代。壓力會引發焦慮、恐懼和憤怒等情緒。這些情緒不只會讓心態變得消極，還會對身體造成很大的負面影響。據說壓力也是導致胃潰瘍、高血壓和癌症的原因之一。中村天風設計出一套動作，可以將壓力對身體的影響降至最低。那就是「屏息呼吸法」。這個方法最初是源自印度瑜伽哲學的重要教義，天風添加了一些獨創性，讓大家更容易理解。

當感受到壓力時，我們的脈搏會上升，血壓會升高，臉會泛紅，身體還會開始出汗。然而，採用屏息呼吸法的姿勢，可以將對身體的影響降至最低。例如在工作上犯了一個大錯誤，察覺到自己犯錯的瞬間，就要同時執行三個動作：「收緊肛門」、「放鬆肩膀」和「下腹出力」。這就是屏息呼吸法的姿勢。這樣就不會受到心跳加速等身體上的影響，可以平靜地面對事情。

屏息呼吸法的姿勢，不僅可以保護我們免受壓力，還可以讓我們最大限度地發揮人類的生命力。天風認為在理想的情況下，日常生活中都要維持著這個姿勢。

什麼是安定打坐？

在《開拓命運》一書中，經常出現「安定打坐」這個詞。這是天風將印度瑜伽哲學的「凝神法」設計成更容易實踐的方式。這是一種導向「無念無心」狀態的方法，也被稱作天風式坐禪法。

要做到這一點，請先選一個自己可以長時間維持的坐姿，並將雙手輕輕地放在膝蓋上。挺直背部，放鬆肩膀，輕鬆地做出屏息呼吸法的姿勢，閉上眼睛避免分心，平靜地深呼吸，放鬆心情，不去想任何事情。這麼一來，你就可以擺脫雜念和妄念接二連三地浮現在腦海中的「多念多心」狀態。然而，「無念無心」的境界不是那麼容易達到的。在透過安定打坐導向「無念無心」之前，我們的目標，是把心思集中在同一件事上的「一念一心」。

為了順利導向「一念一心」，天風思考出一種使用蜂鳴器或鈴鐺（佛具用品）的方法。在維持安定打坐的姿勢時，蜂鳴器或鈴鐺聲會斷斷續續地響起。如果專心聆聽這個聲音，你的思緒會漸漸只專注在聲音上。這樣一來，自然而然地會進入到「一念一心」的狀態。接著突然切斷聲音，進入無聲狀態。此時你所經歷的無聲狀態，就是「無念無心」的境界。

中村天風

振奮人心的話語

「現在開始執行。無論多麼複雜艱難的路，只要按照所教的去做，即便迷路了，也可以到達想去的地方。」

「信念，是將自己做得到的事變得更加宏大的原動力。做不到的事，不管是誰來都做不到。如果一件事，一個人做得到，另一個人做不到，那麼做得到的就是真的，做不到的就是錯的。」

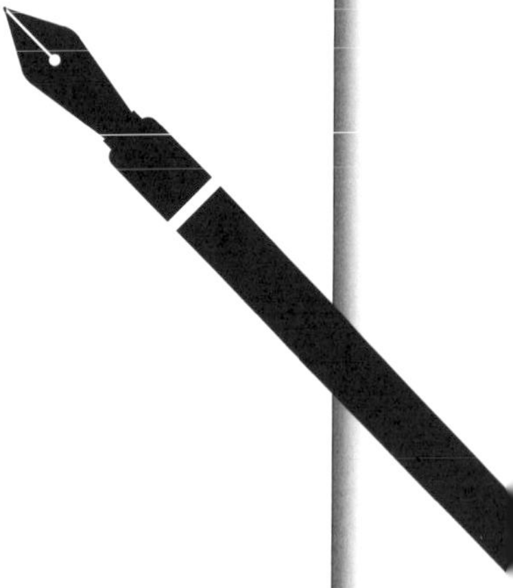

終章

想擁有幸福人生需要信念

摘自《開拓命運》第十三章〈堅定不移〉

金絲雀
辛苦了！
啊，里子。

掃
……
得說出來才行…
但是…時間點…
掃
瞄
笑咪咪
？
我還是說不出口啊～
嗚嗚…
……

里子。
什、什麼事！
驚
工作找得怎麼樣了？
咦？
其實最近營業額有點下滑了…
要支付兼職員工的薪水，說實話越來越困難了。
唉…
！
……
那…
那個…
嗯？
湊近

浪花…正在招募員工…
問我要不要去做看看…
哇——!!那很好啊!
啊,可是我還沒有給對方回覆。
還沒嗎!?
那間店很熱門的喔。如果妳不快點回覆的話,可能會錄取其他人喔。
對了!妳現在就過去給回覆吧。
咦
!?
現在嗎!?

打鐵要趁熱嘛。
推推
咦、什麼？
別說了，快去吧！
扔出去
砰
咦…
咦咦～～
呼
吉岡 由美
里子想辭職，
可能會說不出口，
到時候
再推她一把吧！

真…
徘徊
浪花
真的好嗎…
徘徊
徘徊
喀啷
哎呀
里子！
啊
啊。
那個…！
請讓我在這裡工作！
鞠躬

妳也用不著這麼著急的呀…
呵呵
宇藤先生說要是錄用別人的話就傷腦筋了，叫我快點過來…
說得好像我辭職對他來說比較好
聽他這麼說有點失落…
他可能是在推妳一把喔。
咦？
啊…

喀啷
哦
御手洗先生！
辛苦了，老闆。
點頭
老闆!?
笑咪咪
老、
?

這可不行呢。
應該早點告訴妳的。
我去公園散步過後就會來店裡一趟。
我也經常會去井之頭公園散步呢。
啊
原來…
那個人就是麻由子姐…
咚
咚
咚

我…想像麻由子姐這樣開一間店。
找到妳的夢想了呢。
笑咪咪
反覆告訴自己，自己希望、追求的事「會實現！會實現！」這時，你已經踏上了同樣的道路，你所追求的事物，已經有一半以上屬於你了。
※摘自《開拓命運》第十三章〈堅定不移〉
理想
一旦理想變具體了，妳要做的事就是朝著它前進。
伸出

但是
這是一條漫長而艱辛的路。
無論發生什麼事情，
我們都無須恐懼、
無須改變，
堅定不移地等待它的實現。
透過這麼做，
這樣的想法毫無疑問地
能夠取得成就。
※同摘自第十三章
自己的店
出發！
我絕對不會放棄的！

半年後——
浪花
我回來了~
妳回來啦。
接下來要請妳幫我準備芋頭。
好的!

好久不見！
妳看起來越來越有模有樣了呢。
真的嗎？
哐啷

探頭
讓我加入你們吧。
老闆!?
老闆！
這是蛤蜊湯。
高湯是我熬的。
嘿嘿
很厲害耶！
好喝！

自己描繪出來的理想
一旦定下來，
就必須堅定不移，
堅持下去，
不要改變。
不！
在讓人生
變得幸福的原則中，
沒有比這個
更必要的原則了。
※同摘自第十三章

解說

深入了解《開拓命運》

〈短評欄監修〉
公益財團法人天風會 教務委員會 委員長
名古屋大學名譽教授
御橋廣真

這部漫畫是根據《開拓命運》的教誨為基礎改編的。本書是由中村天風在暑期培訓課程（學習人生哲學和促進身心積極性的活動）中所教導的內容彙編而成，對於深入了解天風哲學極為重要。在這裡，我將比漫畫的主要故事更深入地解釋《開拓命運》的教誨。

接下來，將從漫畫中挑選一些似乎特別難以理解的句子，進行更深入地解釋。

命運有兩種。無可奈何的命運叫做天命，可以用人類的力量突破的命運叫做宿命。

——第1章第35頁

如果在字典上查「天命」和「宿命」，你會發現兩個都是指無法靠自己的力量改變的命運。但天風賦予了命運新的定義。他認為人的命運有兩種：絕對的「天命」和相對的「宿命」。

此外，他也宣揚命運大部分都屬於「宿命」。所有的宿命都是由我們自己的經歷所塑造的。因此，透過進一步累積經驗，你就能憑藉自己的力量開拓新事物。換句話說，他主張一個人的命運能否開拓，完全取決於自己的力量。

為了迎來最美好的命運，
我們必須努力保持積極態度，按照自己的內心生活，
時時刻刻懷著感恩和歡喜的心面對一切。

——第1章第43頁

右邊第3行的描述對心態做出了指示。天風將身體和心靈視為生存的工具，而不是自己的本體。他認為，只要能熟練地運用這些工具，任何人都可以過上幸福的人生。將身體和心靈作為工具進行鍛鍊，這就是中村天風創造的「身心統一法」（見第70頁）。

例如，你的身體因疾病而處於難以忍受的疼痛之中。然而，生病的只是身體，而不是心靈。但人類會因為身體生病，心靈也跟著生病。反之亦然，內心的苦惱會使身體也跟著生病。即便你的身體生病了，你的心靈也可以永遠保持健康，這就是天風哲學的目標。

潛在意識的狀態被同化成實在意識的狀態。
若選擇高貴的言語、神聖的言語，
換句話說，當我們用積極正向的言語來表達，
那麼生命的一切就會以極其美好的事實呈現出來。
然而，萬一是消極、憤怒、悲傷、鬱悶、
迷惘和煩惱等負面情緒脫口而出，
就有可能對神經系統的生活機能造成可怕的後果。

——第2章第61頁

我們說出口的話具有暗示的力量。如果你說出憤怒、悲傷、迷惘或擔憂等負面詞語，也會對你的身體產生負面影響。右邊的文字解釋了心靈和身體，以及連結身心（肉體）的神經系統之間的關係。

心靈分成實在意識和潛在意識。為了說話而進行思考的就是實在意識。在實在意識中進行的思考，同時也會傳達給潛在意識，這個潛在意識是一個被稱作「心靈倉庫」的地方。如果正面地思考，你就會累積積極的想法，如果負面地思考，你就會累積消極的想法。

這種潛在意識，會影響維持身體生命的神經系統。換句話說，消極思考會對你的身體產生實際的負面影響。壓力導致身體不適等就是典型的例子。相反地，當你積極思考時，生活就會變得更加充滿活力。

順帶一提，天風並不認同「言靈」的說法。言語終究只是人類思想的產物，言語本身並沒有靈魂。言語之所以會產生正面影響或負面影響，並不是因為言語中有靈魂，而是說話者本身的思考會到達潛在意識，進而影響身體。天風的教誨並不是靈性的或神祕的。上帝不會拯救我們，其他人也不會拯救我們。天風哲學是一種強而有力的教誨，他認為只有自己的心態才能拯救自己。

如果我們養成憂慮和悲觀的習慣，卻沒有意識到這是一種需要反思的壞習慣，就像人類共通的特性一樣，多做多錯，越做越錯，害人生的光明逐漸黯淡的悲哀情緒，將會一步步主宰我們的人生。

——第3章第86頁

許多人認為，擔心、悲觀、憤怒是人類的自然情緒流露，也是「人類的共同特徵」（大家都具備的特質）。但天風主張這是一種習慣，而且是壞習慣。

我們大多數的情緒，都是由自己的經歷或是從別人那裡聽到的事塑造而成的。也就是說，情緒不是絕對的，而是相對的，是可以控制的。當然，想要完全感受不到負面情緒是不可能的。但當負面情緒出現時，你可以盡量不執著於它們。這麼做才能邁出積極的一步，為人生找到新的曙光。

在這個世界上或漫漫人生中，沒有什麼事情是真的很可怕的。會感到害怕的是自己的心。

——第3章第89頁

天風將這種恐懼形容為「畫布上的污點」。換句話說，塗改掉就會消失。感到恐懼的是我們自己的心，真正可怕的事情並不多見。

雖然現實中可怕的事情很少見，但恐懼會導致現實中不應該發生的事情有可能真的發生。這是因為人類的思考，無論是正面的還是負面的，都有可能會讓事情成真。

在我的哲學中，將這種創造宇宙的能量來源稱為「宇宙靈」。人們稱為神，為之取了所謂神佛的名諱，如天之御中主神、如來或是阿拉。

——第4章第112頁

在第4章中解釋，宇宙靈並不是宗教意義上的神，而是「大自然的能量」（見第114頁）。天風所說的「宇宙靈」並不是神祕的概念，而是一種非常科學的思考方式。這種能量是構成所有生命、物質和整個宇宙的基礎，也具有不斷演化的規律。它並不是一個會拯救凡人的人格化的神。

那為什麼這裡會使用神佛這樣的詞呢？在科學思想發展之前，「神」一詞經常被用來指代創造我們的生命之源和超越一切的存在。雖然宇宙靈是一種科學的概念，但為了不要顯得太深奧，天風才刻意使用了神佛這樣的描述。天風的教誨具有開放性，能包容一切不同的東西，而不會試圖排除掉。

時時刻刻在腦海中描繪自己的理想，
要清楚明瞭得像現實一樣。
而你描繪出來的這幅畫，絕對不能被替換掉。
在昨天和今天之間，不能變成完全不一樣的東西。

——第5章第148頁

當被問到「你的理想是什麼樣的？」時，很多人腦海裡可能會有個粗略的形象：「如果能變成那樣就好了。」然而，天風主張理想就是要清楚明確地描繪出來。例如，想像一下要蓋一棟房子。如果沒有周全的設計圖就蓋不出房子，如果中途更改設計圖，房子就會變形走樣。

此外，天風認為最崇高的事情，就是追求看似不可能的事。隨著年紀的增長，我們往往會限制住自己的思想。解除「反正不可能實現」的心理限制，就能將自己與生俱來的能力發揮到極致。

當你的理想越讓你樂在其中，即便不依賴信仰、尋求神佛的力量，自己的人格也已經鑲嵌上莊嚴的事實，自然而然會變得更加優秀。這和一般的宗教信仰相比，甚至會在不知不覺中，創造出更現實的救贖。

——第5章第150頁

天風並不喜歡祈禱某件事可以實現，或是透過占卜來決定未來，也就是所謂的「求神拜佛」。這是因為，天風本人在生病時一度遊走死亡邊緣，他曾向宗教尋求救贖，但病情並沒有好轉，心靈也沒有得到救贖。

能拯救自己的人就只有自己了。而天風哲學，則是教你如何用自己的力量開拓命運。懷抱美好的理想，意味著你正以積極的心態面對人生。也可以說，你已經在拯救自己了。這就是為什麼天風主張，與其信仰宗教，不如創造現實的救贖。

反覆告訴自己，
自己希望、追求的事「會實現！會實現！」
這時，你已經踏上了同樣的道路，
你所追求的事物，已經有一半以上屬於你了。

——終章第165頁

擁有明確理想的人之中，有多少人是以「一定要實現！」為目標，燃燒著心中的火焰的呢？絕大多數的人不是找不到理想，就是無法充滿熱情地走下去。

想找到自己想做的事情和理想是相當困難的一件事。在這種情況下，可以明確地擁有自己的理想，並具有「一定能實現！」的強烈信念的話，已經可以說是「有一半以上屬於你了」（右第4行）。

為了進一步加深對天風哲學的理解，你需要知道的是「誦句」。誦句是指中村天風為了傳達自己人生哲學的精髓歸納而成的精華短句。《開拓命運》中共收錄了17篇誦句，包含「命運」、「理想」、「勇氣」等題材。接下來，我們將介紹與漫畫中《開拓命運》的內容相對應的9篇誦句，並解釋其中的含義。

給自己心理暗示，並引導至積極心態

中村天風將自己的誦句稱為「暗示性誦句」。透過朗誦可以暗示自己的內心，引導它走向積極心態。這是一篇充滿啟蒙的天風誦句，可以讓心態更加「積極」。天風建議可以每天閱讀這篇誦句，因為它可以讓我們意識到自己的消極心態。

誦句一開始是在暑期培訓課程中傳授的。暑期培訓課程是天風會的定期活動，旨在學習身心統一法（見第70頁）。聽完天風的講座後，心情平靜下來，最後全體參加者一起朗誦誦句。你可以在日常生活中自由使用這些誦句。但最好在平靜的狀態下閱讀，或是發出聲音唸出來，這些文字更容易傳達到你的心中。

天風對人類和生命的直覺既是哲學的，也是科學的

誦句中會出現「宇宙神靈」、「宇宙靈」。在第4章中，將它解釋為「大自然的能量」（見第114頁）。

雖然天風沒有以學者的身分進行研究，但他對人類為什麼存在的問題，給出了很科學的答案。天風沒有採取學術方法，而是透過自己的經驗直觀地感受到了這一點。我們之所以存在，是因為有一種叫做「氣」的東西，它是產生生命的能量。這些能量遵循著某種法則運作，以維持並發展生命。天風將宇宙中的這股能量稱為「宇宙靈」。

人類也是由這個大自然能量的一部分創造而成的。如果我們正確地使用人類與生俱來的能量，即使不向任何人求助，也可以靠自己的力量克服困難。

下一頁開始將介紹漫畫中每個章節對應的誦句。

感謝現在活著，一定能戰勝苦難

在第1章中，提到了《開拓命運》中的「人生與命運」。與內容相呼應的誦句是左邊的「命運的誦句」。在第1行中，出現了「宇宙的神靈」一詞，但如同我先前說明的那樣，它指的並不是宗教意義上的神。正是這股能量創造了包含我們在內的這個世界的自然、整個宇宙。天風說「盡可能多抱持感激和喜悅」（左頁誦句的3～4行），就能獲得更多能量。

那麼，什麼是「感激和喜悅」呢？指的是為現在活著懷抱感恩和歡喜。我們通常認為活著是理所當然的。然而，人類並不是靠自己的力量出生到這個世界上的。他認為，人生中「無論發生什麼事」（左頁誦句第5行），如辛勞、煩惱、疾病等，如果我們對誕生心懷感激，活在當下，未來就會迎來喜悅、感謝和歡笑的日子。

人類在遇到問題時，會感受到憤怒、悲傷和恐懼等負面情緒。雖然我們無法停止感受到負面情緒，但我們可以不去執著那些情緒並加以克服。天風透過誦句宣揚它的重要性。

命運的誦句

宇宙中的神靈，等待人類懷抱著感恩和歡喜的情緒打開通道的同時，人類的生命也跟著爆發。

所以，如果我們對所做的每一件事盡可能多抱持感激和喜悅，就能得到宇宙靈賜給我們最好的東西。

因此，無論發生什麼事，我都會帶著喜悅、感謝、歡笑和雀躍，在人生的方方面面勇往直前。

言語具有暗示的力量，可以對自己和他人產生巨大的影響

在第2章中，提到的是《開拓命運》的「言語與人生」。與內容相呼應的誦句是左邊的「言語的誦句」。天風認為言語的暗示力量是很巨大的。人類的內心很容易受到言語的影響，因為自己所說的話產生情緒，又因為這些情緒產生言語。我認為自己的人生就是這樣被慢慢創造出來的。

天風說，在憤怒、悲傷或恐懼這種負面情緒湧上心頭時，不應該用言語表達出來。消極的言語會讓你對自己施加負面暗示。為了開拓命運，生活中不要使用負面的言語，必須使用正面的言語。他認為這樣的生活態度才是符合宇宙和自然法則的。

這篇誦句是關於自我暗示的力量，但言語暗示的力量也存在於自己和他人之間。比方說，最典型的是對病人的慰問詞。我們傾向同情病人，會說：「很難受吧，一定很累吧。」但天風認為不應該過分同情。這是因為，同情這個消極的字詞，會同時給對方和自己帶來負面情緒，進而給彼此帶來不良影響。對自己和他人使用積極正面的言語是很重要的。

言語的誦句

從今以後，我不會再讓我的舌頭說壞話了。不，要注意我的發言。

同時，今後我也不會再用消極或悲觀的言語來批評我的處境或工作了。

從頭到尾，讓我們只用充滿樂觀、歡喜、光芒四射的希望、朝氣蓬勃的勇氣與和平的言語活下去吧。

然後，接受宇宙靈的無限力量進入你的生活，並用這些無限的力量來建立起自己的人生。

不幸是由自己的消極心態造成的

在第3章中提到的是《開拓命運》中的「勇氣與擊退不幸福」。與此內容相對應的誦句，是第190～191頁的「擊退不幸福的誦句」和「勇氣的誦句」。我們先從「擊退不幸福的誦句」開始。在這些誦句中，標有擊退的只有這篇誦句，和這次本書沒有介紹到的「擊退恐懼的誦句」。天風認為，不幸是必須用如此強烈的態度從心裡驅趕出去的東西。不幸不是來自某個地方，而是由自己的消極心態造成的。這意味著你不應該以一種會造成不快樂的方式思考。

此外，還有一段誦句說，「在宇宙靈的心中，除了真、善、美之外，夢中沒有任何憂慮或悲觀的感覺」（第190頁第4～5行）。宇宙靈是一種不斷演化和完善的能量，不斷重複著摧毀舊事物和建造新事物的新陳代謝。這種能量只會是好的。天風直覺認為，這種能量的本質在於真、善、美。他也認為，用這種能量被創造出來的我們人類，也被賦予了真、善、美。

那麼，什麼是真、善、美呢？簡單來說，「真」指的就是「真誠」。心地純潔，沒有任何虛假的偽裝。「善」指的是「愛」。一顆充滿愛心的心，沒有任何怨恨或仇恨的感覺。而「美」指的則是「和諧」。我們不能只想著自己，而是要懷著想和其他人乃至自然界所有創造物和諧地一起走下去的心。為什麼人類被稱為萬物之靈？天風斷言，這是因為只有人類生來就有一顆真善美的心。

接下來是「勇氣的誦句」。勇氣就像是可以製造出積極心態的火種。天風主張缺乏勇氣會導致錯誤的判斷。讓人類內心力量的「壓力提升」（第191頁「勇氣的誦句」第2行）是一種很有天風風格的表現方式。如前面提到的，天風將身體和心靈視為生存的工具，而不是自己的本體。

提升心靈壓力所需要的是膽力的鍛鍊。鍛鍊方法之一是基於瑜伽的密法「屏息呼吸法」（見第152頁）。想要擁有積極正面的心態，必須培養不輕易被事物動搖，堅強而柔軟的心態。

擊退不幸福的誦句

無論生活中發生什麼事，我都會盡量不去不必要地擔心或悲觀。這是因為越擔心或越悲觀，你的擔憂和悲觀最終就越會成為現實。

在被封為神佛的宇宙靈心中，除了真善美之外，甚至在夢中也沒有憂慮、悲觀等負面情緒。我是作為萬物之靈的人類，我擁有一顆與宇宙靈心靈相通的心。既然我明確地有這種覺悟，就沒有必要擔心或悲觀。

如果一個人無論如何都無法露出他作為人的面孔，那就是人類的首要恥辱。

只有人類像人類一樣時，才能享受到人類的幸福。

因此，為了更接近宇宙靈和宇宙能量，絕對不做擔心或悲觀那種毫無價值的事。試著活在遵循真理的正確人生中吧。

勇氣的誦句

自己可是世上被創造出來的事物中最優秀的靈長類人類。而且，人心的力量就是勇氣，提升壓力是賦予人類生命的宇宙真理。

所以，從今天開始，我不會在任何情況下輕易失去勇氣，克服我們自己的本能和情緒中產生的毫無價值的低劣感情。為了培養一顆克服挑戰的堅強內心而鼓起勇氣吧。沒錯。

始終如一，用勇氣和勇氣堅持下去。

「生命的力量」&「支配人生的法則」

人類擁有開拓命運的力量

在第4章提到的是《開拓命運》裡的「生命的力量」&「支配人生的法則」。與此內容相對應的誦句在第194～195頁的「力量的誦句」和「思考作用的誦句」。首先是「力量的誦句」。這篇誦句可以說是天風啟蒙的起點。天風領悟到「人類是力量的結晶」。人類是從創造宇宙本身的一部分能量中產生的。如果是這樣的話，那麼人類身上也有一部分的能量。天風直覺認為，這股能量是可以戰勝一切的力量。

然而，當人類在成長過程中經歷痛苦和悲傷時，內心會開始變得被動，忘記了自己是「力量的結晶」（第194頁第2行）。透過朗誦這段誦句，天風在引導人們回到人類就是力量的原點。

大自然的能量總是「公平地」運作

接下來，要說明的是「思考作用的誦句」。這裡表達的是大自然的能量（見第114頁）是「公平」（第195頁第3行）地發揮作用的。例如，宗教之神對所有人平等，也就是對待所有人都相同。但是，大自然的流量是公平運作的，與神的平等是不一樣的。要理解什麼是「公平」，就以「大學入學考試」為例。基本上，任何人都可以參加自己選擇的大學的入學考試。但只是報名考試，不代表人人都可以入學。只有取得一定分數的人才能入學。大門平等地對所有人敞開，但想要通過大門，必須滿足一定條件。這就是「公平」。大學只會向獲得及格的分數的人敞開大門。同樣道理，大自然的能量只會傾注在那些擁有積極心態的人身上。

這個地球自不必說，整個宇宙總是按照進化和完善的規律運轉著。大自然的能量為了繼續發展和提升，會不斷摧毀舊事物並建造新的、更好的事物。人類的消極思考永遠不會導致進化和提升。只有在積極思考的情況下，才符合進化與提升的法則。這就是為什麼宇宙的法則只「公平地」賦予那些以積極心態思考事情的人力量。

力量的誦句

我就是力量。
我是力量的結晶。
是克服任何事情的結晶。
所以不會輸給任何人。
無論是疾病還是命運，
不，我是戰勝一切的力量。
沒錯！
我就是很強大、很強大的力量結晶。

思考作用的誦句

我現在在宇宙靈之中。

我與靈性智慧的力量同在。

首先，宇宙靈始終採取公平的態度去改造萬物，讓一切變得更好。

然後將它無所不能的力量傾注在以積極心態思考的事情身上，例如正義的心、勇敢的心、快樂的心、開朗的心。

但以這種方式接受力量的事物，也可以成為力量本身。

「理想與想像」

想像力，可以讓人生變得幸福或不幸

在第5章中，提到的是《開拓命運》中的「理想與想像」。與此內容相對應的誦句是第198～199頁的「想像力的誦句」和「理想的誦句」。天風在講課時，總是把這兩篇誦句作為一組。這是因為積極發展想像力的形態最終會化作理想，也可以說理想是從想像力創造出來的。

天風認為想像力具有力量，可以帶領我們到達自己描繪的世界。人類的想像力具有打造幸福人生的效果，也有破壞人生並推向不幸的效果。「想像力的誦句」談到了想像力的建設性方面。前面介紹的「擊退不幸福的誦句」（見第190頁）講述著想像力充滿破壞性的一面。

天風認為，如果「正確地運用」（第198頁第5行）想像力的作用，就等於塑造出一個引導人通往幸福的指南。什麼是正確地運用呢？指的是「理想的誦句」中的「心中懷有崇高理想」（第199頁第4～5行）。

除非有著幫助別人的理想，否則很難實現

那麼，「崇高的理想」到底是什麼呢？「我要發財」、「我要成名」等以自我為中心的想法，充滿自私自利的念頭，和崇高相去甚遠。「崇高的理想」是指以某種形式幫助他人，為人類的進化和進步做出貢獻的事情。

當你聽見這番話時，可能會覺得是一件非常困難的事情。不過，很多情況下是自己完全沒有意識到，但卻間接地幫助了其他人。

比方說，漫畫的主角里子就有著「開一間自己的店」的理想。乍看只是很隨心所欲的願望，但其實是想透過提供美味的酒和料理，讓客人能夠有個好心情。天風表示，我們的理想最終必須以某種形式幫助到其他人，若不是這樣的理想，都會很難實現。

提供美味的料理和酒
讓每個人感到幸福…
啪
那妳得好好努力，像澤渡小姐一樣開間店了呢！

想像力的誦句

我現在正沉浸在喜悅和感激之中。這是因為宇宙靈在人們心中賦予了「想像」這個特殊作用。而宇宙靈總是隨時做好準備，帶領我們踏入想像中的世界，引導我們走向真理。

因此，如果我們用心正確地運用想像的作用，就如同創造了通往幸福樂園的指南。

為此，我會在腦海中盡可能描繪出清晰、鮮明而高級的想像畫面，但無論在任何情況下，都不要夢想一些毫無價值的事情，會使你的生活腐爛。

然後，正如宇宙靈承諾的那樣，從想像中創造一個可以將正確的人生設計具現化的崇高理想吧。

理想的誦句

人的生命總是籠罩在宇宙靈的無形力量中。

因此，宇宙靈無所不能的力量自然也存在於我們的生活中。

所以，在任何情況下都不必害怕，也不必失望。

不，我們一定要相信這個真理和事實，努力把崇高的理想時時刻刻放在心上。

然後，作為宇宙真理的自然結果，必然會打造出一個圓滿的人生。

我現在就明白了這個天理，是多麼有福氣的人啊。

不，這應該被稱作真理，無上的幸福。

因此，我們只能懷著無限的感激之情安居在這個真理中。

「堅定不移」

到目前為止的誦句總結

在最後一章中，提到的是《開拓命運》中的「堅定不移」。與此內容相對應的誦句在第202～203頁的「堅定不移的誦句」。這篇誦句可以說是將目前為止的誦句做了個總結。

天風哲學教導如何訓練身體和心靈，將消極的心態轉變為積極的心態。正如這篇誦句中提到的，要積極主動，讓心中充滿信念和勇氣，永遠使用正義的言語，相信自己內在的力量，並具體描繪出理想，堅定不移地向前邁進——他告誡我們要下定決心這麼做，並在心中保持毫不動搖的態度。

天風溫暖地照亮著大家的人生

在第203頁第6～7行發現了這樣一句話：「就像矗立在那塊巨石上的燈塔一樣」。無論面對多麼大的巨浪，燈塔都能承受，屹立不搖地為航行者指引方向。這就顯示出歷經各種苦難的天風本人的面貌。

燈塔的燈光持續照亮船隻，讓它們不會在航行中迷失方向。當時，聚集在天風手下的人們，以中村天風的存在和他的教誨「天風哲學」作為指引的路標，不僅戰勝病魔，更開拓了自己的命運。即便是現在，也有很多人將天風哲學作為人生指南。這篇誦句字裡行間也蘊含著天風的願望，他希望下次輪到這些人為周遭苦惱的人指出正確的方向，幫助對方擺脫迷惘。

「屹立不搖的燈塔」指的是在天風的教誨指引下，憑藉自己的力量克服困難，把握住幸福人生的人們。

但是
這是一條漫長而艱辛的路。
我絕對不會放棄的！
166

堅定不移的誦句

我想把我追求的東西置於最正義的事情上。

無論發生什麼，我們要日復一日，時時刻刻，清楚明瞭地在心中做聯想，我們都將以不動如山、堅如磐石的信念，和永不枯竭、如江河般的恆久熱忱，直至目標實現。

就好像你客觀地觀察它一樣……

我不再感受到消極的想法、觀念或暗示了。那些東西再也動搖不了我。

我絕對不僅僅是如此而已。

我現在已經超越了所有人生中的軟弱和渺小。

我現在的心態是絕對積極的。

哦，是的，我的心裡充滿了勇氣和信念。

因此，我的思想，我的話語，都是瀟灑的，永遠是正義的。

這就是為什麼我有一股強大的力量，可以讓我在人生的各種場面中奮鬥。

我的人生就像一座燈塔，無論受到世間什麼樣驚濤駭浪的威脅，都屹立在那塊巨岩上，在平靜、沉著、和平、光明中閃爍著光芒。

結語

天風哲學的無形力量

我之所以會接觸到天風哲學，是因為父親擔任天風會的講師和贊助會代表。作為一名寫了14本商業書籍，身兼作家和講師的我，不知不覺中受到了天風哲學的影響。

在父親終其天年前往天堂後，我回到老家時發現，父親的辦公桌上整齊地擺放著許多天風書籍和演講用的筆記。

簡直就像是留給我的訊息一樣。

之後，ASA出版社向我提起這本書的企劃，當我到天風會館開會時，我見到天風會教務委員長御橋廣真、理事大久保信彥、秘書處北村知之等人，得知他們所有人都和我父親有著深厚的關係，我感受到一種超越巧合的無形力量存在。

這本書是中村天風相關書籍中最精華也最深奧的一本，透過漫畫的方式通俗易懂地呈現，是任何人都能容易理解的劃時代作品。漫畫本身講述一位生活在現代的女性，在苦惱的過程中，受到周圍的人的愛和天風的教誨的幫助下逐漸成長，是個充滿共鳴的故事。在書的最後還附有現代的自我肯定型「誦句」，進行了史無前例且淺顯易懂的解釋，即便是傳統的中村天風粉絲也會感到滿意的。

與其說「學習天風哲學後，我的身體變得更強健了、生意興旺起來了、人生一帆風順了」，看見「無論面對多麼痛苦或憂愁的事，我都不會屈服，心態上和以前完全不一樣，我現在很幸福」的反饋，我認為可以看見天風哲學和傳統的正面思考很不一樣的一面。

我相信，在主角里子接觸天風哲學並開始做自己人生的主角後，期待後續故事發展的人肯定不只我一個。

我由衷希望這本書能幫助許多人，接觸到日本世界著名哲學家之一中村天風的教誨，幫助世界變得更好。

監修／感動製作人　平野秀典

《改變人生、開拓命運的天風哲學》監修

「公益財團法人　天風會」介紹

天風會是普及啟蒙人類「身心統一法」的公益法人，具體的理論和實踐理論可以發揮出人類與生俱來的「生命之力」。

成立於大正8年（1919年），當時中村天風（1876-1968）以佈道的形式向人們分享自己的經驗和研究成果。昭和37年，被政府認定為公共利益單位組織，成為厚生省（當時）認可的基金會，並於平成23年轉移到內閣府認定的公益財團法人。平成31年（2019年）迎接創立100周年。

在全國各地組織贊助會，並定期舉辦任何人都可以輕鬆參與的各種培訓課程與講座。此外，也出版和販售中村天風的作品和對「身心統一法」的評論。

〒112-0012　東京都文京區大塚5-40-8 天風會館
TEL：03-3943-1601／FAX：03-3943-1604
URL：http://www.tempukai.or.jp/
E-mail：info@tempukai.or.jp

製作人員

編輯協助　株式會社書樂
http://www.sho-raku.jp
構成、執筆　滝平真佐子（株式會社書樂）
文字設計　提箸圭子

取材協助

善知鳥（東京都杉並區）
半吉（東京都杉並區）

〈參考資料〉（以下書名未有繁中版，皆為暫譯）
《開拓命運　天風瞑想錄》（中村天風著／講談社）
《成功的實現》（中村天風述／日本經營合理化協會出版局）
《盛大的人生》（中村天風述／日本經營合理化協會出版局）
《點燃心中的成功之火》（中村天風述／日本經營合理化協會出版局）
《中村天風「身心統一法」講解　健康快樂之路》（安武貞雄編著／公益財團法人天風會）
《成功的實踐》（尾身幸次著／日本經營合理化協會出版局）
《幸福人生　中村天風的「身心統一法」講座記錄》（中村天風著／PHP研究所）
《贈與你成功》（中村天風述／日本經營合理化協會出版局）
《天風入門》（南方哲也編著、公益財團法人天風會監修／講談社）
《強化心靈的話語》（中村天風著、公益財團法人天風會監修、構成／EASTPRESS）
《邁向成功的話語》（中村天風著、公益財團法人天風會監修、構成／EASTPRESS）
《中村天風一日一話》（公益財團法人天風會編／PHP研究所）
《心靈真正的力量》（中村天風著、公益財團法人天風會監修／PHP研究所）

國家圖書館出版品預行編目（CIP）資料

改變人生、開拓命運的天風哲學：【漫畫讀解】顯化好運的成功召喚術 / さとうもえ著；鈴本彩繪；天風會、平野秀典 監修；林以庭譯 . -- 初版 . -- 新北市：一起來出版，遠足文化事業股份有限公司，2024.04
面；14.8×21 公分 · --（一起來；0ZTK0048）
譯自：まんがでわかる中村天風の教え
ISBN 978-626-7212-65-3（平裝）

1. CST: 中村天風　2. CST: 人生哲學　3. CST: 漫畫

191.9　　113003279

一起來　0ZTK0048

改變人生、開拓命運的天風哲學

【漫畫讀解】顯化好運的成功召喚術

まんがでわかる中村天風の教え

作　　者　さとうもえ；鈴本彩（繪者）；天風會、平野秀典（監修）
譯　　者　林以庭
責任編輯　張展瑜

總 編 輯　陳旭華 steve@bookrep.com.tw
出版單位　一起來出版／遠足文化事業股份有限公司
發　　行　遠足文化事業股份有限公司（讀書共和國出版集團）
　　　　　231 新北市新店區民權路 108-2 號 9 樓
電　　話　(02) 2218-1417
法律顧問　華洋法律事務所　蘇文生律師

封面設計　朱疋
內頁排版　宸遠彩藝工作室
印　　製　通南彩色印刷股份有限公司
初版一刷　2024 年 4 月
定　　價　380 元
I S B N　9786267212653（平裝）
　　　　　9786267212622（EPUB）
　　　　　9786267212639（PDF）